PRIMEIRO
E
ÚNICO

LAUREN SANDLER

PRIMEIRO E ÚNICO

Tradução
Bruna Ax Portella

LeYa

Diretor editorial: Pascoal Soto
Editora executiva: Maria João Costa
Revisão de texto: Thiago Brigada
Design de Capa: Ideias com peso
Diagramação: Abreu's System
Produção Gráfica
Direção: Eduardo dos Santos
Gerência: Fábio Menezes

CIP-BRASIL. CATALOGAÇÃO-NA-FONTE
SINDICATO NACIONAL DOS EDITORES DE LIVROS, RJ

Sandler, Lauren
Primeiro e único: por que ter um filho único, ou ser um, é ainda melhor do que você imagina / Lauren Sandler; tradução de Bruna Ax Portella. – Rio de Janeiro: LeYa, 2014.
208 p.

ISBN 978-85-441-0002-8
Título original: *One and only*

1. Filhos únicos 2. Tamanho da família 3. Maternidade I. Título II. Portella, Bruna Ax

14-0111 CDD: 306.874

2014

TEXTO EDITORES LTDA.
[Uma editora do Grupo LeYa]
Rua Desembargador Paulo Passaláqua, 86
01248-010 – Pacaembu – São Paulo – SP – Brasil
www.leya.com.br

SUMÁRIO

INTRODUÇÃO

Este não é um livro de memórias, mas, para corresponder às expectativas do que se espera de um filho único, deixe-me começar comigo mesma.

Minha mãe era profundamente dedicada à minha criação. Para ter uma filha feliz, ela descobriu que precisava ser uma mãe feliz e, para ser uma mãe feliz, ela precisava ser uma pessoa feliz. Então precisava preservar sua própria essência, o que não conseguia se imaginar fazendo com um segundo filho.

"Eu estava em primeiro lugar", ela admitiu para mim uma noite, de uma maneira que fez com que simultaneamente meu peito se enchesse de orgulho (feminismo!) e meu ombros se contraíssem de decepção (egoísmo!). Meus pais estavam no Brooklyn para uma visita de fim de semana. Já era quase meia-noite, e eu e minha mãe estávamos de camisola, encolhidas sob os cobertores no sofá-cama. Meu marido, Justin, e meu pai estavam cuidando de suas cervejas, pés para cima apoiados sobre o pé da cama.

"Quando você tinha três anos", ela continuou, "eu pensei que estava grávida. Fiquei acordada a noite toda fazendo uma lista de prós e contras. Pela manhã, estava claro para mim que eu não poderia ter outro filho." Ela então recitou a ladainha dos "contras": não tendo outro filho, poderia continuar sua carreira sem interrupções, manter certo nível de independência, se preocupar menos com dinheiro e permanecer no apartamento que amava, sem precisar trocar a vida urbana por uma casa mais afastada numa área residencial.

Eu a interrompi para perguntar sobre a lista de "prós". Eu não tinha ideia do que ela iria dizer. Ela nunca deixou transparecer que havia uma lista concorrente. Em vez de responder, ela continuou: "Eu teria que ser uma pessoa totalmente diferente com outro filho. Minha vida teria mudado completamente."

"Eu entendo, mãe. Eu realmente entendo. Mas e a outra lista?" Ela fica em silêncio. Meu pai observa a etiqueta da garrafa de cerveja. "Pai, o que você queria?", eu pergunto.

Meu pai olha para mim. "Eu amo tanto ser pai, eu sempre quis que a experiência fosse bem variada, que continuasse", disse ele em voz baixa. A tensão vocal desmente as palavras seguintes: "Mas você me conhece. Eu não sou uma pessoa rancorosa." Ele volta a olhar para sua garrafa. "O que posso dizer?", suspira ele. "Os anos se passaram. Esta foi a escolha. E aqui estamos nós." Ele sorri para mim. "Onde estamos não é de todo ruim, eu devo dizer. Eu só levei algum tempo para me acostumar com a ideia."

Na verdade, todos nós levamos algum tempo para nos acostumarmos com a ideia. Filhos únicos têm que se acostumar com a ausência de algo que, bem ou mal, a maioria das pessoas tem. Como pais que optam por parar no primeiro, temos que nos acostumar com a sensação incômoda de que estamos escolhendo para nossos filhos algo que nunca pode ser desfeito. Estamos optando por não ver duas crianças brincando no banho de espuma, pulando na pilha de folhas secas, cochichando sob as cobertas numa noite escura, provocando uma à outra na mesa de jantar, dando as mãos em nossos funerais.

Todo mundo parece saber quem somos nós, os filhos únicos e os pais de filhos únicos. Nós somos os egoístas. E eu devo ser duplamente egoísta, já que sou filha única e mãe de uma filha única. Quem, senão um filho único, seria tão autocentrado a ponto de escrever sobre ser um e ainda sugerir que outras pessoas considerem fazer o mesmo?

Mas, depois de investigar todo o assunto, deixe-me soltar um *spoiler*: não é bem assim.

Solitários. Egoístas. Desajustados. Estas são as palavras que Toni Falbo, pesquisadora líder na tímida área de estudos a respeito de filhos únicos, utiliza para explicar a nossa imagem e as ansiedades que projetamos nas pessoas sem irmãos. Falbo menciona estas características tantas vezes que elas tendem a soar como uma única palavra: *solitáriosegoístasdesajustados*.

Por que essa ideia "pegou"? A base acadêmica a respeito desses pobres solitários é o trabalho de um homem que ficou famoso pela frase "Ser filho único é uma doença em si". Granville Stanley Hall foi um dos líderes do movimento de pesquisa sobre a criança no final do século XIX e teve uma rede nacional de grupos de estudo, chamada Hall Clubs, que disseminava seus ensinamentos. Não foi uma maneira ruim de divulgar seu ensaio de 1896, "Of Peculiar and Exceptional Children" (traduzido livremente como "Sobre Crianças Peculiares e Excepcionais"), que descrevia uma série de filhos únicos como desajustados permanentes. Não importa que Hall também nutrisse abertamente um fetiche por sua criação no campo, como parte de uma grande prole, e desprezasse a ideia urbana de famílias menores, que surgia em um país em rápida industrialização. Basta considerar que Hall – e todos os outros inexperientes psicólogos – sabia quase nada sobre práticas íntegras de pesquisa.

Ainda assim, ao longo de décadas, acadêmicos e colunistas de aconselhamento disseminaram sua teoria de que filhos únicos não conseguem desenvolver a mesma capacidade de adaptação das crianças com irmãos. "Mimados, antissociais, autônomos... egocêntricos, distantes e excessivamente intelectuais" são os culturalmente aceitos e "incontestáveis dados" sobre o filho único, como a socióloga Judith Blake escreve em seu livro de 1989, *Family Size and Achievement* (Tamanho da família e realização), que tentou desmantelar cientificamente aspectos do estereótipo. As gerações seguintes de estudiosos tentaram corrigir o registro, mas suas conclusões nunca chegaram a afetar o discurso popular sobre criação de filhos. O "peculiar" unigênito permeia a cultura pop, desde os coadjuvantes excêntricos das sitcoms dos anos oitenta até as crias do demônio em filmes de terror. Filhos únicos endiabrados são lendários na tela grande: *O iluminado*, *O exorcista*, *Sexta-feira 13*, *Nó na garganta*, todos são filmes que contam com um filho único seriamente psicótico (sim, mesmo *Psicose*, também) para aterrorizar seus inocentes colegas de elenco.

Não são apenas as obras de sustos que são protagonizadas por filhos únicos estereotipados. Escolha um gênero, e há uma lista de personagens para dar à narrativa cor e forma: Tom Ripley, Veruca Salt, Eric Cartman. Até mesmo os super-heróis se encaixam no estereótipo: são solitários desajustados e incapazes de estabelecer uma conexão com os cidadãos do mundo real, ressabiados com sua própria inteligência, muitas vezes lutam contra seus privilégios. Batman, Super-Homem, Homem-Aranha, Homem de Ferro – todos filhos únicos. Mas esta imagem conturbada que é projetada na consciência popular pode ser prejudicada pelo heroísmo da vida real de alguns filhos únicos cuja capacidade de se conectar com outras pessoas foi fundamental para seus próprios superpoderes: você pode não saber, mas Mahatma Gandhi, Eleanor Roosevelt e Walter Cronkite não tinham irmãos.

Quando minha mãe ficou acordada no sofá com a lista de prós e contras, ela se lembrou de ter se reunido com os administradores da minha creche para convencê-los a estender o horário até as seis da noite, para acomodar melhor as necessidades dos pais que trabalham. Na manhã seguinte, um esquadrão de mães encurralou-a na porta da escola. Vestindo pijamas sob seus *trench coats*, elas permitiram que minha mãe me deixasse na creche antes de partirem para o ataque. "Nós estávamos esperando por você", disseram. Elas foram fundamentalmente contrárias à sugestão de um horário prolongado. "Queríamos dizer que nossos filhos são nossa única prioridade."

Durante uma entrevista com a psicóloga britânica Bernice Sorensen, que escreveu um livro chamado *Only-Child Experience and Adulthood* ("O filho único e a idade adulta"), eu mencionei que minha mãe havia optado por parar no primeiro, e que eu estava considerando o mesmo para a minha família. A resposta dela foi rápida: "Então sua mãe é uma narcisista, e você, também, se você fizer essa escolha, provavelmente vai garantir o mesmo futuro para sua filha. Não é isso que você está me dizendo?" Digamos apenas que ela é uma filha única que não gostou da experiência.

A maioria dos pais diz que tiveram o segundo filho por causa do primogênito, ou pelo menos foi isso que eles falaram para os pesquisadores da Gallup durante décadas. Mas, quando você pensa a respeito, é difícil imaginar qualquer coisa que possa ser reduzida a uma simples pergunta numa pesquisa, principalmente se for uma questão que envolve noções de família, felicidade, responsabilidade, legado de vida e a própria morte. Ainda assim, todos nós sabemos que existe verdade nesta resposta: o primeiro filho tende a ser uma escolha que os pais fazem para preencher suas próprias vidas, e o segundo, para preencher a vida do irmão mais velho.

Algumas pessoas acreditam que uma família com apenas uma criança não é realmente uma "família", embora eu desafie qualquer um a definir o conceito de uma família "normal" hoje. Cada vez mais crianças estão sendo criadas – muito bem, por sinal – por pais do mesmo sexo (inclusive, estudos recentes sugerem que mães lésbicas são as melhores). O divórcio é tão comum quanto o casamento. A fertilização *in vitro* empurrou a idade fértil até meados dos quarenta. Há quase tantos meios-irmãos e meias-irmãs quanto os filhos dos mesmos pais biológicos.

Essas mudanças na forma como definimos uma família geram perguntas sobre como definir um filho único. Os estatísticos tendem a usar a regra de que, se você passou os primeiros sete anos da sua vida como a única criança da casa, você conta como filho único. No entanto, eu conheci muitas pessoas que se denominavam filhas únicas porque se sentiam distantes dos meios-irmãos, e outras que nunca se consideraram assim mesmo tendo irmãos com uma diferença de idade de mais de dez anos, por serem próximos. Estas definições são obscuras, na melhor das hipóteses. Algumas experiências e conceitos a respeito de filhos únicos se aplicam a algumas situações (ou seja, a regra dos sete anos funciona bem quando falamos de egoísmo ou realização) e não a outras (por exemplo, mesmo que sua irmã já estivesse na faculdade quando você nasceu, enfrentar a morte de um pai seria radicalmente diferente sem ela). É errado pensar que há um comportamento "normal" – e muito mais errado pensar que devemos aspirar a tal conceito.

E, ainda assim, uma das exportações mais bem-sucedidas da América tem sido a afirmação cultural de que as famílias mais alegres são as famílias grandes: de *Agora seremos felizes* aos remakes de *Doze é demais*, de *A família Dó-Ré-Mi* à família Duggar (do programa *19 Kids and Counting*). Uma jovem mulher chinesa, criada em uma vila rural povoada por uma geração de filhos únicos, me disse que nunca havia visto como era uma família "normal" até o governo de lá permitir reprises de *Growing Pains* (seriado americano que foi ao ar entre 1985 e 1992), quando ela estava no ensino médio. "A família Seaver foi a primeira 'família de verdade' que eu vi", diz ela, admitindo uma queda por Kirk Cameron e animadamente me dizendo que o ator que interpretou Ben Seaver se casou com uma moça de Xangai. "Eles pareciam tão felizes juntos, por que eu não quereria isso?"

"Ninguém quer isso – não é isso que as pessoas imaginam para suas vidas", afirmou o sociólogo Philip Morgan, do Centro da Criança e Política Familiar da Universidade Duke, quando eu lhe pedi para discutir o aumento no número de filhos únicos. Em pesquisas que perguntam a jovens mulheres quantos filhos gostariam de ter, idealmente, ele me diz que ninguém responde que optaria por parar em uma só criança. Para mim, isso é como perguntar a uma menina sobre como é o casamento dos seus sonhos. Minha fantasia de infância era casar em uma ilha no Jardim Público de Boston com um vestido que minha avó teria me levado para comprar em Paris, com uma *big band* tocando e convidados cercando a mim e meu noivo em pedalinhos de cisne. Em vez disso, minha avó estava confinada em uma enfermaria, eu usei um vestido de duzentos dólares de uma loja comum; nos casamos na casa do meu pai e dançamos ao som de uma playlist de seis horas que nós mesmos montamos e que estourou os alto-falantes da casa. Com exceção da ausência da minha avó, foi ótimo. Nós idealizamos uma coisa, vivemos outra. Nossos ideais mudam em conjunto com a realidade que se apresenta – ainda mais se, à medida em que nos desenvolvemos, optarmos por questionar o que pensávamos que queríamos, e por que pensávamos que queríamos aquilo.

Aqui estão algumas coisas que eu quero: eu quero fazer um trabalho significativo. Eu quero viajar. Eu quero comer em restaurantes e beber em bares. Quero ir ao cinema e a concertos. Quero ler romances. Quero mergulhar na solidão. Quero ter amizades que regularmente me animem e me botem para cima. Eu quero um relacionamento amoroso que envolva uma comunicação diária que vá além de interrogativas e imperativas – eu quero ser *conhecida*. E eu quero me aconchegar com minha filha enquanto ela deixar, sendo o mais presente possível em sua vida, dando-lhe todo o espaço de que ela precise para descobrir a vida em seus próprios termos. Quero plena participação: no mundo, na minha família, nas minhas amizades e na minha própria narrativa.

Em outras palavras, para ter uma filha feliz, acho que preciso ser uma mãe feliz, e para ser uma mãe feliz, preciso ser uma pessoa feliz. Como minha mãe, eu sinto que preciso fazer escolhas dentro dos limites da realidade – o que significa pesar trabalho, finanças e prazer

–, e no momento eu não consigo imaginar como faria isso com outra criança. Certa vez, alguém perguntou a Alice Walker se mulheres (bem, mulheres artistas) deveriam ter filhos. Ela respondeu: "Elas devem ter filhos – assumindo que isso é o que querem, mas apenas um." Por quê? "Porque com um você pode se mudar", disse ela. "Com mais de um, você é um pato sentado."

Ainda assim, eu agonizo toda vez que vejo minha filha delirando com o bebê de um amigo, e o meu próprio coração também tem uma tendência a se devorar quando eu pego uma pessoinha em meus braços, inalando sua doçura, acariciando aquele pescoço macio e me emocionando com cada sorriso e grunhido. Quando minha filha nasceu, depois de toda a minha ansiedade por nunca ter trocado uma fralda na vida, minha confissão de preferir coisas vivas que podem se comunicar verbalmente, minha certeza de que a criação de nosso vínculo seria um processo infinito e todo o meu medo de não ser capaz de fazer sacrifícios – bem, eu segurei minha menininha, com apenas segundos de vida, e simplesmente sabia o que fazer. Minha confiança e minha capacidade me surpreenderam. As de Justin também – embora eu sempre tivesse certeza de que ele estaria à altura da tarefa. E, no entanto, quando eu tento me imaginar fazendo isso tudo de novo, tenho ainda mais dúvidas do que da primeira vez.

Há uma porção de pais que desejam profundamente ter mais de uma criança e estão dispostos a fazer sacrifícios para construir a família com que sonharam. Estas não são as pessoas afetadas pela dúvida ou pelo medo de que irão prejudicar seus primogênitos por não oferecerem a ele o grande presente que é um irmão. Estes são os pais que sabem onde estão se metendo e têm plena consciência dos sacrifícios que estão dispostos a fazer por isso. A última coisa que precisamos é de outra pessoa dizendo às mulheres o que devem ou não fazer com suas tubas uterinas, suas finanças e seu futuro. Eu não estou aqui para pregar o Evangelho do Filho Único, embora, para citar a mensagem entalhada sobre a porta de uma grande igreja aqui no Brooklyn: "Jesus era filho único."

O que estou dizendo é o seguinte: quando nós ficamos obcecadas sobre qual carrinho de bebê comprar, se devemos usar fraldas de pano ou descartáveis, se produtos orgânicos são obrigatórios, se Mozart ou Mingus vão transformar nossos bebês em gênios, se nós os estamos sobrecarregando com atividades demais ou não, se nós os alimentamos muito ou pouco, se os vacinamos muito ou pouco – *preciso continuar?* –, e deixamos de considerar se devemos realmente ter mais um filho, é hora de mudar a conversa.

Nós perguntamos às pessoas quando elas terão *filhos* – nunca um filho de cada vez, que é o que geralmente acontece. Se uma criança não tem irmãos, assume-se que há um motivo secreto para isso: eles não gostam de ser pais (porque são egoístas) ou se preocupam mais com status – trabalho, dinheiro, bens materiais – do que com o filho (porque são egoístas), ou esperaram tempo demais (porque são egoístas).

A partir do século passado, a idade adulta passou a prometer, além de apenas dever, prazer. Procuramos um parceiro que irá satisfazer os nossos desejos, construímos carreiras que refletem os nossos pontos fortes, levamos uma vida que não se adapta apenas a nossas necessidades, mas também a nossos desejos. Apesar de não ser mais possível manter um padrão de classe média com apenas uma renda – e na maioria das vezes nem mesmo com duas –, nós planejamos uma existência livre, repleta de satisfação e realização, uma vida construída sobre a intencionalidade e o individualismo em substituição às obrigações e à interpretação de papéis do passado. Esta maturidade mais livre entra em conflito com a paternidade.

Não é necessária uma ação forçada de controle de natalidade para aumentar o número de filhos únicos de um país – a relativa incompatibilidade entre maternidade e modernidade já tomou conta disso. Alemanha, Áustria, Espanha, Itália, Japão e Coreia têm taxas de fertilidade de menos de 1,4 por mulher, cerca de metade do número de crianças que as mulheres desses países tinham nos anos setenta. Embora a política familiar que ajuda a gerenciar a colisão entre paternidade – e particularmente maternidade – e trabalho seja quase inexistente nos Estados Unidos, governos de outros lugares recentemente se tornaram mais participativos em assuntos familiares. Isto ocorre principalmente para lidar com o fato de que muitos cidadãos decidiram que o custo de ter crianças não vale a pena.

No início dos anos sessenta, a Europa representava quase treze por cento da população mundial. A projeção para um século mais tarde é de que esses números caiam para cerca de cinco por cento. As mulheres têm conscientemente se recusado a criar uma família em favor de sua educação, sua carreira e de um maior grau de liberdade, ou atrasaram a sua fertilidade até um ponto em que a biologia decidiu por elas. Nesta "crise" de despovoamento, como a União Europeia nomeou, o apoio público tornou-se indispensável para tornar os sacrifícios dos pais mais gerenciáveis e, portanto, mais palatáveis. Nas regiões seculares dos Estados Unidos, nossa taxa de fertilidade é semelhante à da Europa, mas você nunca saberia analisando apenas as médias nacionais.

Isso porque tantos americanos se comprometem a uma ética de valores familiares que idolatra o sacrifício materno e exalta famílias numerosas. Na época em que a ordem de "crescei e multiplicai-vos" foi entoada pela primeira vez, ela tinha um propósito: quanto mais você procriasse, maior a probabilidade de sua linhagem sobreviver; sabedoria crucial em dias de elevada mortalidade infantil. Uma ordem biológica tornou-se religiosa, imposta por líderes espirituais e comunidades de fé. Se você esmiuçar a Pesquisa Mundial de Valores, concluirá que religiosidade e tamanho de família andam de mãos dadas. Devido à estreita relação entre fé e fertilidade, uma grande gama de pensadores, sejam eles demógrafos, antropólogos ou psicólogos evolucionistas, acredita que os religiosos herdarão a Terra. Eles acham que pais como eu, que valorizam profundamente uma identidade extrafamiliar, serão simplesmente engolidos pela prole dos frutíferos e conservadores.

Nos EUA, a recessão reformulou drasticamente as intenções familiares das pessoas. Isso acontece durante todos os colapsos financeiros: a Grande Depressão viu famílias de filhos únicos chegarem a cerca de trinta por cento de todas as famílias, e isso foi quando os unigênitos ainda eram considerados uma anomalia. Mas hoje a situação parece mais extrema do que nunca, por causa do preço que as pessoas pagam para alcançar um lugar numa classe média cada vez menor. Uma recente pesquisa do Instituto Guttmacher descobriu que dois terços dos americanos sentem que não podem se dar ao luxo de ter um bebê na economia atual. Não é à toa: apenas nossa dívida de empréstimos estudantis – um trilhão de dólares – está forçando as pessoas a adiarem os planos de um primeiro filho e até impedindo-as de considerarem um segundo. Alguns demógrafos estimam que as famílias de filhos únicos podem chegar às taxas de Manhattan, de mais de trinta por cento. Mas isso não significa que as pessoas se sintam bem com isso.

Enquanto desejos e identidades evoluem, continuamos a deificar velhos mitos em vez de criar novos. Nós atrasamos a hora do parto em nossas salas de aula e salas de reuniões, trabalhando e desejando, namorando e fofocando. Nossos corpos envelhecem. Nossas vidas ficam mais loucas. Nossos sonhos crescem em vez de diminuírem. No momento em que estamos prontos para admitir que nunca estaremos prontos, já está mais difícil engravidar. E mesmo se não estiver, é difícil considerar conceber novamente. Esta é a história da maioria das pessoas no mundo desenvolvido: temos pânico de fertilidade. Mas há outra fobia diferente, relacionada à primeira, que os governos e avós preferem ignorar. É o terror de criar um filho único.

Todos nós sabemos que estereótipos devem ser baseados na realidade, mesmo que reflitam uma versão distorcida e ampliada da verdade. Mas, considerando-se os componentes da identidade *solitáriosegoístasdesajustados*, os filhos únicos não são quem você espera. Vou desconstruir o mito ao longo do livro, mas aqui está o *teaser*. A respeito da solidão: quando crianças, geralmente estamos bem. Quando adolescentes, ficamos frequentemente desamparados e isolados. Quando adultos, enfrentamos sozinhos o pesadelo logístico e existencial do envelhecimento e morte de nossos pais. Mas a boa notícia é que desenvolvemos a mais forte das relações primárias com *nós mesmos*. A respeito do egoísmo: contanto que frequentemos a escola, estaremos bem socializados para lidar bem com os outros. Sobre o desajuste: estamos bem. No geral, estamos fantásticos.

O que o estereótipo geralmente ignora são duas áreas em que tendemos a nos destacar dos outros. A primeira é referente a realizações. Nós simplesmente costumamos ser mais bem-sucedidos que pessoas criadas com irmãos, seja na escola ou em nossas empreitadas profissionais. Atividades individuais como a leitura treinam nosso foco e curiosidade, e o ambiente verbalmente rico da vida cercada por adultos acelera o nosso aprendizado. Em segundo lugar, tudo em uma família sem irmãos é amplificado. Isso significa que a dinâmica dos casamentos – e divórcios – dos nossos pais e a maneira como os limites e as necessidades são expressados e policiados em nossas equações familiares tendem a ter um efeito aumentado sobre nós. Irmãos proporcionam diversidade e distração em uma família. Nós não temos nada disso. Em vez disso, nós temos, por vezes, uma feroz intensidade – para o bem e para o mal. Eu descobri que esta intensidade comum está conspicuamente ausente nos dados, mas inequivocamente presente na experiência vivida, entremeada em minhas entrevistas, em minhas leituras biográficas e em minha própria família. Como um psicólogo murmurou baixinho para mim, "é uma forma muito poderosa de crescer."

Ao desmistificar o dito problema do filho único, quero legitimar uma discussão sobre a elevação dos custos sociais que vem com mais de uma criança. Não é apenas uma questão de quem ganha as guerras culturais, mas também de quem paga por elas. *Quem vai sustentar os nossos idosos? Quem vai ser nossa força de trabalho?* Mas não é só a economia que devemos levar em conta, o meio ambiente também. Não é melhor para o planeta ter menos motoristas de SUVs gastando combustível e menos passageiros de avião viciados em ar-condicionado e cheeseburgers?

No entanto, ninguém tem mais bebês para estimular a economia nem para no primeiro filho para salvar o planeta. Nenhuma outra decisão é tão pessoal. E ainda assim muitos de nós nos prendemos à pressão social e cultural, à ameaça dos estereótipos. Se as pessoas não sentissem que precisam de um segundo filho para evitar estragar irremediavelmente o primeiro, será que elas ainda assim os teriam? E se aqueles de nós que não se sentem compelidos a ter mais filhos optassem por maior autonomia e autorrealização? Se a literatura nos diz – em centenas de estudos, ao longo de décadas de pesquisa – que o meu filho não está em melhor situação com um irmão e isso não é algo que eu possa verdadeiramente dizer que quero para mim, então a quem essa escolha serve?

Quando nossos desejos internos colidem com a sabedoria popular, é nossa incumbência perguntar o porquê. Eu acredito que quando questionamos nossos princípios, concluímos que eles são geralmente provenientes da cultura, que precisa que nós nos comportemos. Precisamos ser mais assertivos ao questionar por que exatamente acreditamos que nossos filhos precisam de irmãos. Porque se eu vou optar por ter outro bebê, enquanto bilhões de outras pessoas fazem o mesmo, eu deveria saber o motivo.

E se não é porque eu quero – quero dizer *realmente quero* – ter outro filho, há um grande volume de regras que preciso começar a questionar. Por mim mesma. Por minha filha. E pelo mundo para o qual eu a trouxe. Em vez de fazer a escolha de ampliar nossas famílias com base em estereótipos e pressão cultural, podemos, sim, transformar esta decisão tão importante na escolha mais imparcial de nossas vidas. E isso pode até lembrar algo que as pessoas raramente associam com a maternidade: liberdade.

1.

A ÁGUIA INDÓCIL

No princípio, era a terra. Terra que precisava ser cultivada e arada, animais que precisavam ser alimentados e abatidos. A família era uma força de trabalho. Quanto mais filhos uma família tinha – uma vez que atingiam a idade mínima para trabalhar, aproximadamente dez anos de idade –, mais pessoas poderiam ajudar a transformar a sobrevivência em prosperidade. Crianças eram seguros de vida. A mortalidade infantil era alta, a expectativa de vida era baixa – apenas dois séculos atrás somente metade das crianças sobrevivia após os cinco anos de idade – e sangue significava tudo. A lição era clara: reproduzir ou perecer. Um grupo de trabalho de um era quase nada. Além disso, ao longo de séculos em que a cultura de alguém essencialmente começava e acabava em casa, uma sociedade de crianças solitárias era o lar das trevas.

Claro, eu não limpei minhas mãos em um avental antes de me sentar para escrever isto – a modernidade foi surgindo gradualmente. Crianças mantiveram a sua utilidade, trabalhando em manufatura ou atividades agrícolas leves, cuidando da loja ou dos menores, ou entretendo umas às outras. No entanto, proles numerosas já não eram mais uma necessidade para a sobrevivência de uma linhagem. Ainda assim, a famosa maldição da família do filho único permaneceu. Filhos únicos não representavam nenhuma ameaça para a sobrevivência de uma família, mas continuaram sendo objetos de desprezo do mesmo jeito. Eles eram um fruto azedo, misterioso e farinhento. E seus pais eram julgados, dignos de pena, ou ambos.

Os mitos e a sabedoria popular continuaram sendo a fonte da *expertise* quando o assunto era dinâmica familiar e desenvolvimento da criança; nós ainda não havíamos testemunhado o nascimento da psicologia. Quando teorias a respeito da mente e sobre como ela é moldada pelo meio ambiente começaram a surgir com alguma legitimidade, fizeram-no sem o que poderiam ser considerados testes científicos. Mas, convenientemente, deixaram o enigmático e suspeito filho único exatamente como ele era visto – sozinho.

Inclusive Granville Stanley Hall, cuja popularidade e influência foram monumentais. Freud fez sua primeira visita à América convidado por ele. Como primeiro presidente da Associação Americana de Psicologia, com uma barba branca e sobrancelhas escuras emoldurando olhos apertados, Hall pregou uma espécie de "eugenia sem culpa", dizendo que deveriam existir escolas para doutrinar a disciplina militar, o amor pela autoridade, o temor pela natureza e a devoção ao Estado. Mas, ainda que Hall tenha sido relegado a volumes encadernados em couro hoje esquecidos, sua fama perdura insistentemente por conta de um único projeto: um estudo de 1895 supervisionado por ele e intitulado "Sobre Crianças Peculiares e Excepcionais". As deficiências do filho único, de acordo com sua conclusão, são nada menos do que uma regra inatacável e eminentemente verificável da natureza. Como ele escreveu, "nota-se que as criaturas que têm prole numerosa, sejam quadrúpedes ou pássaros, têm menos problemas para criá-la do que aqueles que têm apenas um ou dois filhotes. Leitões são muito mais avançados que bezerros, e o jovem perdiz, com suas dezenas de irmãos e irmãs, é muito mais dócil do que a jovem águia".

Criado em uma Massachusetts rural com um grupo de irmãos digno das ilustrações de Rockwell, Hall olhava para sua própria infância pastoral com os olhos cheios de lágrimas e nostalgia. Como muitos de nós, ele acreditava que o que funcionou para ele deveria funcionar para todos os outros. Além disso, o inverso era verdadeiro: alternativas para a felicidade em uma grande ninhada eram suspeitas. E embora não houvesse embasamento científico de qualquer natureza em seu trabalho, a autoridade de Hall cumpriu este papel. Mais do que sua própria fama ou uma rede para divulgar seus feitos, deve ter sido a própria língua de Hall e convicção dele em suas verdades absolutas que fizeram suas conclusões serem permanentemente gravadas em nosso entendimento coletivo. No final de 1907, numa palestra sobre como unigênitos são doentios, egoístas, estranhos e estúpidos, Hall simplesmente concluiu: "ser filho único é uma doença em si."

"Políticos, e não cientistas, levantam hipóteses – fazem proclamações sem testes – e logo passam para a próxima. Isso é o que Stanley Hall fez", o historiador da ciência e psicólogo evolucionista Frank Sulloway me diz. Sulloway gasta muito tempo pensando sobre Charles Darwin e formação de família em seu escritório na Universidade da Califórnia, em Berkeley, onde fotografias das ilhas Galápagos estão penduradas acima da mochila EMS que ele carregava em sua primeira viagem para lá, quarenta anos atrás. Ele me diz que um impulso darwiniano pode muito bem ter fundamentado o estereótipo, pois nossos antepassados tinham um imperativo evolutivo para difundir seus próprios genes. "Eles precisam de uma boa história para nos convencer a fazer isso. Então dizem: 'tenha apenas um e ele vai sair podre'", diz Sulloway. Então, novamente, ele acrescenta, interesses darwinianos também poderiam nos dizer: "é melhor investir em uma prole reduzida; famílias maiores não são mais adaptáveis."

Não era apenas Hall que endossava a noção de que pais de filhos únicos estavam "fazendo algo" contra suas crianças. Uma precária indústria literária sobre paternidade, sob a forma de livros e periódicos, surgiu na sombra de seu movimento de estudo da criança. A sabedoria das irmãs Abel, Elsie C. e Theodora Mead era explícita no guia

Good Manners for Children (Boas Maneiras para Crianças), publicado em 1926, e lá era dito que, como "a principal preocupação" dos pais, um filho único está destinado a ser uma "criança mimada", com um comportamento aparentemente vergonhoso – não que as irmãs Abel tenham citado qualquer pesquisa nesse assunto. Dois fonoaudiólogos casados, "Smiley" e Margaret Gray Blanton, lançaram ainda mais maldições – mas nenhum dado científico – na edição de 1927 de *Child Guidance* (Orientação da Criança). "O filho único é muito deficiente. Não se pode esperar que ele passe pela vida com a mesma capacidade de adaptação que as crianças criadas em família com outras crianças têm", escreveram, acrescentando que o unigênito será para sempre atrofiado, já que "a única maneira que ele pode ultrapassar esses adultos é no comportamento infantil. Ele pode gritar mais alto que eles. Ele pode jogar-se no chão." Enfim, más maneiras.

Comportamento infantil não é nada perto de como o neuropsiquiatra – e protegido de Adler – Erwin Wexberg diagnosticou os filhos únicos em seu livro de 1927, *Your Nervous Child* (Seu filho nervoso): "Na maioria das vezes, essas crianças têm um egoísmo sem limites, tiranizam seus amigos e não temem nenhum deus além de si próprios." (Agora leia novamente com um sotaque alemão e me diga se *você* não se sente como uma criança nervosa.) Tais declarações não eram encontradas somente em livros especializados redigidos por chamados profissionais, mas também na imprensa popular. Um artigo sobre filhos únicos na revista *Liberty*, naquele mesmo ano, ilustrado com uma criança em um trono com um cetro na mão, discute como os unigênitos demoravam mais para andar e falar, não tinham iniciativa, achavam que o mundo "devia-lhes a vida", eram excessivamente negativos e temerosos, ansiavam por simpatia indevida, comiam mal e eram hipocondríacos.

Mas em 1928 um pesquisador chamado Norman Fenton testou a hipótese de Hall e publicou suas descobertas em *The Pedagogical Seminary and Journal of Genetic Psychology*. Não contente em deixar tais suposições para a imprensa, Fenton pediu a uma turma universitária de Psicologia Infantil que descrevesse brevemente sua avaliação psicológica de filhos únicos. De cinquenta estudantes, apenas dois achavam que eles eram "em todos os aspectos, normais." O resto recitou a usual ladainha de estereótipos, "alguns até mesmo chegando ao ponto de afirmar que poderiam identificá-los só de olhar!", escreveu. O ponto de Fenton era claro – isso não era apenas um caso de alarmismo público, mas um pressuposto a que os alunos se agarravam mesmo em um ambiente universitário dedicado a desafiar tais paradigmas de uma perspectiva clínica. Na sala de aula e nas ruas, da mesma forma, um veredicto unânime tinha sido imposto contra os déspotas neuróticos em seu meio. E assim Fenton se propôs a fazer o primeiro teste real desta suposição, enviando a professores questionários detalhados para coletar dados estatísticos sobre todos os seus alunos – com ou sem irmãos –, assim como os pesquisadores fazem hoje.

O que ele apurou deveria ter enterrado o mito já naquela época. Fenton descobriu que em termos de generosidade e sociabilidade, "duas características em que, segundo o senso comum, os filhos únicos deveriam ser inferiores", escreveu ele, as crianças sozinhas testadas se saíram melhor do que as crianças com irmãos. Elas eram mais propensas à sinceridade. Elas mostraram mais iniciativa, capacidade de liderança e autoconfiança. De acordo com os professores convidados a avaliar "sintomas nervosos" de seus alunos, os que mais sofriam eram os caçulas (cerca de metade), então os mais velhos (pouco mais de quarenta por cento), depois os filhos do meio (pouco menos de quarenta por cento), com apenas trinta e dois por cento de filhos únicos demonstrando as tais "manifestações nervosas" descritas por Erwin Wexberg. Quando incluiu testes de inteligência à mistura, Fenton descobriu que os filhos únicos tinham a melhor pontuação. É verdade, eles foram um pouco menos obedientes que seus parceiros de famílias maiores. Alguns professores, ele disse, acreditavam que as crianças sozinhas tendiam a ser mais agressivas e vaidosas; exceto por isso, não foram encontradas diferenças entre crianças criadas sem irmãos e as que cresceram em uma casa cheia.

Mas ninguém escutou. Fenton não tinha seguidores para divulgar suas descobertas, nem quando pesquisas adicionais confirmaram seus resultados. Naquele mesmo ano, dois estudos publicados no *Journal of Genetic Psychology* encontraram ativos semelhantes nos unigênitos: um deles disse que eram mais sociáveis do que crianças com irmãos, e o outro declarou que eles têm menos problemas de comportamento na escola.

Enquanto a imprensa alertava cidadãos de bem sobre a perigosa ameaça de filhos únicos infiltrados no meio deles, o país entrou em colapso na Grande Depressão. Como em qualquer grande crise econômica, a fertilidade afundou junto com o mercado de ações. Na edição de 1932 dos *Annals of the American Academy*, "uma análise estatística da família moderna", Mildred Parten, de Yale, observou que entre as famílias com filhos "a família de uma só criança predomina". Dentro de poucos anos, o número de lares com filhos únicos nos Estados Unidos subiu para mais de trinta por cento.

No entanto, o alarme não parou de tocar. Na revista *Good Housekeeping*, Josephine Hemenway Kenyon, diretora do Health and Happiness Club, escreveu uma coluna intitulada "Planeje sua família com sabedoria", ilustrada por uma fotografia de uma criança solitária gritando. "Que isto seja um apelo", escreveu ela, "numa casa de um filho, pelo advento de um segundo bebê". Em tempos difíceis, para se ter um segundo filho só é preciso ter "a coragem de um pioneiro", disse Kenyon aos leitores. E o perigo não era apenas você criar uma prole miseravelmente falha – uma família de apenas um filho também poderia ser venenosa para adultos, já que "os pais ou a criança, mais cedo ou mais tarde, vão apresentar problemas de comportamento". Em 1936, filhos únicos eram tão comuns e tão comumente condenados, que um colunista no jornal *Christian Science Monitor* respondeu à carta de um pai preocupado com uma criança problemática dizendo: "Talvez a questão seja o fato de você ter não um filho, mas um filho único, este problema já tão citado e debatido!"

Foi só em 1942 que os defensores dos filhos únicos começaram a surgir na imprensa. Foi quando o *New York Times* publicou uma reportagem intitulada "Palavras amáveis para o filho único", uma agregação de todas as investigações que surgiram desde o estudo de Norman Fenton desmantelando as hipóteses de Hall. A "suposição comum de que o filho único será um pirralho egoísta e antissocial, prejudicado por sua condição solitária e pelo excesso de mimos dos pais" não passava de uma bola de gás, disse o artigo. E, no entanto, após centenas de estudos, essa suposição perdurou, aqui e no exterior. Em uma pesquisa de 1977, setenta e seis por cento dos americanos disseram que ainda achavam que ser filho único era uma séria desvantagem na vida, responsável por tudo, desde uma angustiante solidão até os mais graves defeitos de caráter.

E isso não era (e nem é) apenas um ponto de vista dos EUA. Quando, em 1987, aos 27 anos de idade, Michael Ryan atirou em trinta e uma pessoas em Hungerford, na Inglaterra, antes de se matar, a imprensa britânica entendeu que a sociopatia do assassino era decorrente de alguma forma de "superproteção usual a um filho único". (Se você por acaso está se perguntando, tanto Eric Harris quanto Dylan Klebold tinham irmãos, mas o atirador adolescente fictício de *Precisamos falar sobre o Kevin* é filho único.) No ano seguinte, a revista *Today*, do Reino Unido, autoritariamente determinou que a vida social é um "campo minado" para o "solitário" unigênito – "crescendo com a ideia de que são o centro do universo, é quase impossível para eles se despir de seu egoísmo, e isso é visível."

Em 1990, no meio dessa condenação pública, a pesquisadora inglesa Ann Laybourn catalogou os estereótipos dos filhos únicos na imprensa e realizou testes de perfil, assim como Norman Fenton tinha feito nos anos vinte. Como seus antecessores, ela descobriu que, "apesar do fato de tenderem a vir de classes menos favorecidas, os filhos únicos tiveram uma performance semelhante ou um pouco melhor do que as crianças de famílias com dois filhos em termos comportamentais e educacionais", escreveu em *Children and Society*

(Crianças e Sociedade). Laybourn notou que o tratamento dado pela imprensa britânica aos filhos únicos da China era surpreendente em sua aceitação completa do estereótipo. O jornal *The Guardian* publicou uma reportagem de 1986 sobre os "pirralhos gordos" chineses, alegando que a população de sino-unigênitos era de indivíduos "indulgentes, egoístas, introvertidos, indiferentes e incapazes de cuidar de si mesmos" – acrescentando *obesos* ao termo *solitáriosegoístasdesajustados*.

Uma matéria do *Sunday Times* intitulada "O Brat Pack da China: Uma geração de filhos únicos" previu "a bomba-relógio comportamental" que estaria por vir: "Uma China no início do século XXI cheia de jovens adultos egoístas e ditatoriais." Mas talvez mais surpreendente seja outro artigo do *Times* que discute os horrores do aborto forçado e o infanticídio, só para concluir que "os problemas que a China está experimentando agora são menores em comparação com os problemas que podem surgir no futuro... com filhos únicos mimados." Os estereótipos foram certamente fortalecidos internacionalmente pela invenção do termo "Pequeno Imperador", que começou como uma manchete da *Newsweek* em 13 de março de 1985, sete anos após a China ter introduzido a política do filho único. Esta depreciação coletiva aos 100 milhões de filhos únicos chineses foi assumida de imediato como fato consumado em todo o mundo. Eu tive que explicar o que era um Pequeno Imperador durante muitas entrevistas na China – o conceito não entrou no discurso deles como no nosso –, mas assim que eu começava a explicar, eles entendiam exatamente o que eu queria dizer. Em minhas viagens por lá, ouvi muitas vezes o comentário, *Sim, todos eles são egoístas como um imperador!* acompanhado por um grande sorriso de reconhecimento.

Em *A virtude do egoísmo*, Ayn Rand escreveu: "No uso popular, a palavra 'egoísmo' é sinônimo de maldade; a imagem que evoca é a de um bruto sanguinário que pisa sobre pilhas de cadáveres para atingir seus próprios objetivos, que não se importa com nenhum ser vivo e que busca nada além da satisfação de caprichos irracionais de forma imediata."

Tão sinistro quanto o estereótipo do filho único egoísta é o estereótipo do pai egoísta de um filho único. Alguns de nós consideram a opção de parar no primeiro por preferência, outros por necessidade. Independentemente disso, assim como os filhos únicos que carregamos, acabamos difamados. Considere a filosofia de Oscar Wilde: *Egoísmo não é viver à nossa maneira, mas desejar que os outros vivam como nós queremos*. Se eu optar por não dar à minha filha o irmão que o mundo acredita que ela merece – não importando se ela o quer ou não –, significa que eu estou fazendo com que ela viva como eu gostaria que ela vivesse. Isto é verdade. Mas é realmente egoísta?

Como a autora Catherine Carswell declarou em *Fortnightly* em 1933, "uma mulher que não tem filhos é uma infeliz", mas o "a mais lamentável [é] a mulher casada que tem apenas um filho." Os pais de filhos únicos são "preguiçosos deliberados", escreveu ela, desenfreada, numa sociedade em que famílias com apenas uma criança eram cada vez mais comuns. "As falhas da mãe de um filho só", ela acrescentou, "são notórias na nossa tradição". A ansiedade de Carswell, e a de muitos outros, era, talvez, dobrada. O que uma mulher seria se fosse mais do que uma mãe? E, se o tipo certo de mulher não estava tendo famílias grandes, quem o faria? Esta foi a era da eugenia, uma era de um pânico racial pronunciado e feio. Na edição de 1936 de *Science News Letter*, o professor de Colúmbia John C. Flanagan advertiu: "A melhor parte das habilidades intelectuais, dos talentos econômicos e dos dotes físicos da população está perdendo numericamente, enquanto as menos desejáveis biologicamente estão gradualmente povoando as nações." Por quê? O alto custo de criar filhos, escreveu ele, estava levando as pessoas a limitar bastante o tamanho de suas famílias, especialmente "assuntos importantes para profissionais homens e suas esposas", como seguros, habitação, cuidados infantis e o crescente custo universitário. Mas quando os pesquisadores da Gallup perguntaram a cidadãos comuns por que eles achavam que mais pais estavam optando por ter apenas um filho, lazer e esnobismo foram os principais motivos citados.

"Todo mundo quer ser presunçoso e não ter mais filhos", disse um dos entrevistados. "Os casais gostam de vida mole e não querem dedicar seu tempo a criar os filhos", respondeu outro. Apenas vinte por cento dos pais consultados sobre suas próprias escolhas concordaram com a noção de que "crianças interferem na liberdade dos pais". De forma geral, as pessoas simplesmente disseram que não sabiam como sustentariam mais filhos. Mas o papel estava escalado. Tão certo como os filhos únicos eram indiscutivelmente egoístas, assim eram os pais deles. E enquanto houvesse essa necessidade de impor o que Carswell chamava de "o longo sofrimento de seus anos infantis" a uma filha ou um filho impotente, o egoísmo dos pais merecia ser exposto e condenado.

Em 1955, o *Milbank Memorial Fund Quarterly* publicou um estudo sobre os fatores sociais e psicológicos que levam um casal a parar em um só filho, o qual pelo menos oferecia alguma pesquisa para combater o estereótipo negativo dos pais, mas é pouco provável que muitas pessoas o tenham lido. Nele, Lois Pratt e P. K. Whipton entrevistaram 1.444 casais "relativamente fecundos", muitos dos quais haviam desistido de um segundo filho. Suas razões eram bastante familiares. Os casais disseram que não podiam sustentar mais crianças, por razões de saúde e dificuldades de habitação, e muitos falaram que seus "instintos parentais [haviam sido] satisfeitos com os filhos já nascidos". Além disso, eles descobriram que quase metade dos pais que pretendiam parar no primeiro disseram que gostavam "muito mesmo" de seus filhos (em uma escala de muito mesmo, muito, médio ou pouco) – o dobro da quantidade de pais de dois filhos que responderam o mesmo (menos de cinco por cento dos pais de três crianças gostavam de seus filhos "muito mesmo"). E casais que disseram que planejavam parar em um só eram visivelmente mais "interessados" em seus filhos do que os pais de irmãos. Pratt e Whipton ofereceram esta análise dos resultados: "A norma pode incentivar os casais a terem um segundo filho, que, com base em seu baixo nível de afeto pelas crianças, estariam inclinados a ter apenas um filho." Em outras palavras, os pais que optaram por parar no primeiro não eram egoístas. Eles não odiavam crianças. E eles não fizeram esta escolha porque estavam falidos. Eles eram geralmente muito felizes com o filho que já tinham. Esta descoberta mal ganhou as manchetes, mas previu uma mudança que estava por vir.

Os corpetes estruturados dos anos cinquenta deram lugar à liberação dos anos sessenta, com os feministas dos anos setenta finalmente emergindo da agitação cultural. Um artigo publicado em 1972 na *New York Times Magazine,* "Escolhendo parar no primeiro", emoldurado por anúncios de módulos de sofás e férias na neve (o formato equivalente ao de uma fita magnética), relacionou os conceitos de tamanho da família com a nova mulher liberal. "Um número crescente de mulheres está percebendo que elas podem realizar suas outras ambições na vida e ainda aproveitar a experiência da maternidade tendo uma família de apenas um filho", escreveu a jornalista Rita Kramer. Ela entrevista Margaret Mead: "Bem, eu sempre quis ter seis filhos", diz Mead. "Mas a vida se desdobrou de tal maneira que eu só tive um. Hoje, no entanto, eu teria apenas um mesmo", diz ela, como um ideal e não apenas como um consolo. O artigo é contundente na intenção de derrubar o manto do pai de filho único como patologicamente egocêntrico e substituí-lo com a linguagem da libertação. Ou, como Kramer cita Dr. E. James Lieberman, "o problema" não é a escolha de parar no primeiro, mas "a ideia que as pessoas têm de que elas devem ter ou nenhum filho ou dois, no mínimo. Isso é deplorável. Nós temos que tornar a paternidade tardia e a família de filho único respeitáveis." No ano seguinte, minha mãe ficaria grávida de mim.

Anne Roiphe abordou a causa na mesma publicação, vários anos depois, em 1977, quando minha mãe chegou à "idade materna avançada" de trinta e poucos anos, e quando o pânico ambiental, o armamento nuclear e um novo quadro de mulheres de maleta em punho entraram na cultura a todo vapor. Roiphe escreveu: "Imagens do futuro da humanidade em que nós estamos de pé em nosso espaço alocado de um metro quadrado ou aguardando em filas infinitas por um copo de água dessalinizada; o recém-descoberto ímpeto das mulheres em direção a autorrealização, doutorados e seus próprios secretários executivos; preocupação com o Holocausto, revolução, depressão – isso faz muitos jovens casais fazerem uma pausa antes de conceberem um segundo filho." Se esta frase coubesse num *botton*, não tenho dúvidas de que muitas mulheres o usariam com orgulho. Uma década antes, somente seis por cento dos pais admitiam planejar parar no primeiro filho – na época em que o artigo de Roiphe foi publicado, este número já havia atingido dezessete por cento.

Mas isso não significa que esses planos tenham encontrado muito apoio popular. Muitas dessas mulheres conseguem se lembrar de suas próprias versões do escândalo que minha mãe teve que enfrentar na creche, de maleta na mão, quando mães mais tradicionais se sentiram ultrajadas diante da opção de se fazerem tão prioritárias quanto seus filhos. Como T. Berry Brazelton escreveu na revista *Redbook* em 1979 – o ano em que minha mãe, convencida de estar grávida, passou a noite inteira no sofá redigindo uma lista de prós e contras até o sol nascer –, "de alguma forma, é mais fácil ceder à pressão e ter um segundo do que manter-se firme em seu desejo de ter apenas um filho". Havia chegado o momento de começar a aceitar o filho único e o pai que dissesse *um e acabou*.

Na *Glamour*, em 1982 – mais ou menos a época em que minha mãe começou a dizer para mim "quando você for mãe, se você um dia quiser ser uma" –, Marcia Kamien publicou um artigo sobre como ela cresceu sem irmãos e se saiu perfeitamente bem. Não é tanto o conteúdo da coluna que eu acho mais revelador, mas o anúncio da Equal Rights Amendment que ocupava o restante da página. Dizia: "Em 1960, 52% das mulheres estavam empregadas como clérigas, vendedoras e cabeleireiras. Em 1979, 47% de todas as mulheres profissionalmente ativas ainda estavam nestes postos de trabalho de baixa remuneração." A ERA falhou no Congresso. A possibilidade de ver iniciativas políticas que tentavam conciliar a maternidade com a modernidade morreu na praia. Permaneceu a nossa cultura política, que dá razões para os pais pararem no primeiro filho, assim como Lois Pratt e P. K. Whipton haviam registrado em seus estudos décadas antes. Habitação. Seguros. Assistência à infância. Educação. Além disso, algo que nunca vai precisar de aprovação política para acontecer: sentirem-se satisfeitos com o filho que já têm. Mas, assim como a noção de apoio do Estado aos pais de classe média foi a aberração de uma era, também foi a possibilidade de que a nossa cultura pudesse aceitar a abordagem de *um e acabou* como uma escolha ética legítima.

Acontece no metrô, em restaurantes, nas esquinas das ruas movimentadas. Se você tiver apenas um filho, com certeza já te aconteceu. Não são apenas os parentes que interiorizaram o mito, estranhos também. Desta vez, aconteceu quando Dahlia e eu estávamos comprando leite no supermercado. Os caixas bajulam suas bochechas rosadas e aplaudem quando ela dá uma voltinha para eles, e então tenho que enfrentar este diálogo típico:

"Sua primeira?"
"Sim".
"Outro em breve?"
"Acho que vai ser só esta mesmo."
"Você vai ter outros. Você vai ver."
"No momento não estou planejando isso."
"Você não faria isso com sua filha. Você vai ver."

Fiquei surpresa ao saber que o preconceito contra filhos únicos e seus pais se estende para além do supermercado – e da reunião de família – até o divã do terapeuta. Acontece que a aceitação do estereótipo permanece comum entre psicólogos, exatamente as pessoas que deveriam ser mais lúcidas e ajudar os outros a vencerem este preconceito também. É o que diz uma psicóloga educacional e pesquisadora chamada Adriean Mancillas. Mancillas é filha única, assim como seu marido. O casal do sul da Califórnia tinha a intenção de parar no primeiro filho – eles estão entre os três por cento de americanos que disseram aos pesquisadores da Gallup recentemente que a família com uma só criança era a ideal. (Sua primeira e única gravidez, quem diria, rendeu trigêmeos.)

Mancillas estuda a estereotipação de filhos únicos e tornou-se extremamente consciente de como o julgamento social estende-se também a seus pais. Seu interesse não foi estimulado apenas por seu próprio passado, mas também por uma leitura de alguns anos antes: "algum artigo quase-acadêmico", do ponto de vista de um professor, ela diz, sobre como os educadores se preocupavam que alunos filhos únicos em uma sala de aula fossem monopolizar o tempo, já que são tão carentes de atenção. "Não houve nenhuma revisão paritária por trás dessa peça – nada. Mas abriu meus olhos para o quão penetrante o estereótipo de filhos únicos pode ser mesmo em material escrito para profissionais", diz ela.

A socióloga Judith Blake observou o mesmo problema na década de oitenta, quando escreveu em *Family Size and Achievement* (Tamanho da Família e Realização): "A crença de que ser filho único é uma desvantagem significativa parece ser tão geralmente aceita que os psicólogos acadêmicos sugerem que é um 'truísmo cultural'", apesar de pesquisa abundante em contrário. Este pensamento errôneo – de profissionais – continua nos dias atuais. Um psicólogo educacional que escreve sobre famílias com um só filho não vai nem mesmo usar o termo "filho único" em seus artigos, porque o considera depreciativo, mesmo nos círculos profissionais. Apenas há alguns anos o psicólogo Allan E. Stewart, da Universidade da Geórgia, descobriu que médicos acreditavam que crianças sem irmãos eram "particularmente propensas a ter problemas". E, em um artigo sobre julgamento clínico tendencioso no *Journal of Counseling e Development*, os terapeutas descritos discutiam pacientes hipotéticos em termos negativos da mitologia dos unigênitos.

Incentivada pela crença de que esta tendência deforma o tratamento que os filhos únicos e suas famílias recebem, Mancillas decidiu examinar a literatura sobre estereótipos com um olhar específico para alertar seus colegas. Ela descobriu que na Estônia, na Coreia ou na Holanda, o viés *solitáriosegoístasdesajustados* é o mesmo. "Por que seria a mesma história no Brasil e nos EUA? É a mesma sustentação: famílias maiores eram necessárias para cultivar a terra. Além disso, partilhamos a mesma psicologia evolutiva", ela me disse.

Filhos únicos compartilham esta psicologia também. A percepção do solitário corrompido e desfavorecido, ao que parece, corre pelas veias coletivas daqueles que não têm irmãos. Vasculhando trabalhos realizados globalmente nas últimas três décadas, Mancillas encontrou um assunto comum a todos. Em estudos que foram replicados em 1985, 1993 e 2003, os pais de filhos únicos, adultos sem irmãos e grupos de estudantes universitários concordaram que, como um grupo, "filhos únicos são os mais acadêmicos e mimados e os menos simpáticos." Mas quando perguntados sobre indivíduos – no caso dos pais, seus filhos, e, no caso dos adultos, eles mesmos – as respostas foram diferentes. Indivíduos não entravam nesta classificação. Em outras palavras, *não o meu filho*, *eu não*. Mancillas constatou que filhos únicos e seus pais interiorizavam o estereótipo, mesmo que o refutassem dentro de suas próprias famílias. Ou, como dois pesquisadores na Holanda descreveram em um artigo chamado "Bem-estar dos Filhos Únicos" na *Adolescence*, filhos únicos são "vistos com piedade e desconfiança", o que sem dúvida os machuca. O efeito do estereótipo, eles dizem, prejudica os pais também, "deixando-os com sentimento de culpa, o que pode complicar o relacionamento com seu filho".

Mancillas também descobriu que os estereótipos de pais de filhos únicos são igualmente duradouros. Um levantamento realizado em

1989 com os próprios pais constatou que a maioria acreditava que, "mesmo quando as pessoas consideravam que a maioria dos filhos únicos pode de fato possuir características positivas, existia a tendência para descartar essas forças como provenientes de um ambiente excessivamente indulgente". Além disso, pais de filhos únicos dizem – em geral, *eu não* – que eles são superprotetores e sufocam as crianças, de acordo com outro estudo do mesmo ano.

Uma vez que padrões como este são definidos, não se quer desmontá-los, diz Mancillas. "Não é como com os estereótipos raciais, que você pode demonstrar serem muito perigosos para as pessoas e, portanto, são enfrentados. Com filhos únicos, não há estímulo para enfraquecer a crença." Que outro estereótipo sobreviveu ileso ao politicamente correto? O preconceito contra os unigênitos é a barata solitária vagando pela paisagem pós-nuclear que os anos noventa deixaram para trás. Com todo grupo de pessoas que eu consigo pensar, cada subcultura, cada etnia, cada diagnóstico – de filhos do meio a inuítes, de masoquistas sexuais a racistas – a cultura reconheceu e rejeitou o preconceito. Na televisão, *Glee* pode ter elencado todo tipo de jovem que poderia ser vítima de preconceito (O garoto gay! A garota coreana que gagueja! O cara na cadeira de rodas!). Mas só há uma personagem que representa a fantasia do filho único de Hall, a amplamente desprezada, arrogante e auto-obcecada Rachel. Em um episódio, Rachel perde a voz. Sua reação? A seguinte birra anasalada: "Quem sou eu sem a minha voz? Apenas mais uma filha única chata e mimada."

"Pelo que diz a pesquisa," Mancillas me diz, "nada mudou – tudo é como nos dias de Stanley Hall". E, como é no caso da psicologia social cognitiva por trás de toda manutenção de preconceitos: as pessoas procuram exemplos que confirmem a sua crença e ignoram os que refutem. Ann Laybourn, a pesquisadora britânica que submeteu a crença cultural ao teste de Fenton, se perguntava que Graal interior concedia a imortalidade a este mito. Aqui está uma teoria que ela profere: "Más notícias são melhores que boas notícias", diz ela. "Filhos únicos felizes não são fato digno de nota, e, portanto, as queixas de quem teve más experiências irão predominar."

Alguém precisa ser o bode expiatório para as decepções do núcleo familiar abundante: criar mais de uma criança é simplesmente difícil demais para não ser apoiado por algum dogma que diga que é para um bem maior, *para as crianças*. "Não é, obviamente, muito animador acreditar que esses sacrifícios foram em vão e que as crianças sem irmãos, cujos pais tiveram menos trabalho, se saíram bem", Laybourn escreve. Para reduzir o desconforto dessa possibilidade, ela diz, "a ideia de que filhos únicos devam ser prejudicados de alguma outra forma se desenvolveu: eles têm mais posses e recebem mais atenção, então devem ser mimados; eles não têm conflitos com os irmãos, então devem ser solitários." Claro, todos nós sabemos qual é a pior coisa sobre os pais de filhos únicos. Não é que eles sejam péssimos pais, é que, em primeiro lugar, eles só têm uma criança. Eles não reuniram a força moral e a "coragem de um pioneiro" para se reproduzirem novamente.

Adriean Mancillas sugere que, para aliviar um pouco da pressão de ter um segundo filho, clínicas de planejamento familiar disseminem a ideia de que as crianças sem irmãos vão muito bem, obrigado. Isso em adição à sua luta, via pesquisa, contra a estereotipação em um ambiente clínico. Desejo-lhe sorte: Sorenson, a psicóloga britânica que escreveu *Only Child Experience and Adulthood* , disse que, em um ambiente profissional, "posso identificar a criança que cresceu sozinha no primeiro par de horas". Ela acrescenta: "Se temos problemas com alguém , sem dúvidas é com quem é filho único", mesmo que mais de quinhentos estudos quantitativos nos digam o contrário.

2.

RIMA COM ÚNICO

Um é realmente o número mais solitário? Já ouvi centenas de vezes, em inúmeras entrevistas e festas: a dúvida entre dar ou não dar um irmão ao filho trata-se principalmente do medo de sentenciar a criança à solidão. Este medo é articulado de inúmeras formas. *Eu quero que ela tenha um companheiro de equipe. Ele precisa de alguém que esteja ao seu lado. Ela tem que ter um irmão para brincar? Quem vai estar lá para apoiá-lo quando eu for embora?* Na raiz da ansiedade de cada genitor – ou futuro genitor– em ter ou não um filho único, está uma resposta visceral para o receio de que a criança seja *solitária*.

Pode ser verdade, como Thomas Wolfe escreveu, que a solidão "é e sempre foi a experiência central e inevitável de todos os homens", mas tendemos a vê-la ampliada na experiência do filho único. Em muitas línguas a palavra "só" não apenas significa "sozinho", mas também "solitário", e de acordo com um dicionário etimológico "agora é habitual em referência a estados emocionais". Em inglês, "only" (só) remonta ao inglês antigo, ao passo que "lonely" (solitário) entrou no léxico durante o Renascimento, mas as palavras tornaram-se sinônimas. O medo da solidão não é uma invenção moderna e neurótica. Nossa sobrevivência dependia da tribo, da comunidade.

A dor social evoluiu como uma forma de nos alertar para o perigo do isolamento. Por centenas de anos, pessoas se perguntavam se existia um componente físico para a solidão, expressa em um cheiro – uma condição física com sintomas olfativos, um potencial contágio.

A felicidade é frequentemente entendida como a ausência de solidão. Questionadas sobre o que lhes dá o mais profundo prazer e conforto, as pessoas sempre colocam intimidade, amor e afiliação social no topo da lista. Uma pesquisa da Universidade de Michigan descobriu que um quinto das pessoas consideravam a solidão a fonte mais profunda de infelicidade em suas vidas. E essa infelicidade é mais comum do que nunca. Recentemente, pesquisadores da Universidade Duke descobriram que, em 1985, a maioria das pessoas considerava pelo menos três amigos como confidentes; em 2004 a maioria das pessoas só conseguia nomear dois. Mais dramaticamente ainda, o número de pessoas que achavam que não tinham uma única pessoa com quem discutir assuntos importantes triplicou para quase um quarto dos americanos entrevistados.

Nós temos pena dos adultos solitários entre nós – a mulher sem companhia no restaurante, o homem sozinho no cinema. Mas, pelo menos, podemos atribuir o que enxergamos como solidão a uma série de escolhas de vida. A criança sozinha na caixa de areia apreende nossos corações de uma maneira diferente. Não podemos imaginar que ela tenha algo a dizer sobre o assunto. Nem conseguimos imaginar que ela possa ser perfeitamente feliz.

Estar sozinho e estar solitário não são equivalentes – não mesmo. Um deles é um estado objetivo, o outro é uma experiência subjetiva. Nós muitas vezes confundimos solidão com uma espécie de solitude, confundindo um estado de grave tristeza com um estado de contentamento plácido, as exaltações de Thoreau e os ensinamentos do Budismo. Pode-se estar sozinho entre outros, isolado como em *A multidão solitária* ou viver a solidão angustiada dentro de um relacionamento infeliz. Ou pode-se conhecer o incomparável prazer de um dia passado com nenhuma companhia além de um bom livro, debaixo das cobertas em uma deliciosa fortaleza de solitude. "A solidão é a pobreza de si; a solitude é a riqueza de si", escreveu May Sarton – um lema que me faz querer vestir um casaco, abandonar meu celular e fazer uma longa caminhada em um dia fresco.

É claro que o fato de eu vibrar com a noção de isolamento, mesmo podendo ser uma das pessoas mais obsessivamente sociais que conheço, pode ser a prova de minha própria solitude, que eu, pelo menos, raramente associei à solidão. Quando Toni Falbo e sua colega Denise Polit conduziram uma meta-análise de 115 estudos comparando filhos únicos com crianças com irmãos, examinando pesquisas tanto de autorrelatados quanto de análises de percepções dos outros, elas descobriram que unigênitos não têm pontuação superior a ninguém em solidão. Além disso, filhos únicos relatam menor necessidade de afiliação social do que outros.

Um psicoterapeuta de Austin chamado Carl Pickhardt, que escreveu um excelente livro chamado *The Future of Your Only Child* (O futuro do seu filho único), diz que um dos "presentes" de uma infância sem irmãos é ser "um bom companheiro para si mesmo." Ele explica: "Filhos únicos são bem autoconectados em sua relação primária na vida." Por relacionamento primário, o que ele quer dizer é que, quer queiramos ou não, casados ou solteiros, gêmeo idêntico ou filho único, todas as relações que temos são secundárias diante da que temos com nós mesmos – *nowhere to run to, baby, nowhere to hide* (Nenhum luga para onde correr, baby, nenhum lugar para se esconder). Ajuda bastante gostar de sair com a pessoa da qual você nunca pode se afastar. Ecoando as observações de muitos psicólogos e pesquisadores e desenhando sobre anos de observação e análise em sua prática em vez de usar pesquisa quantitativa, Pickhardt concluiu que "o tempo sozinho, longe de ser doloroso, torna-se gratificante, porque a criança sem irmãos está estabelecendo um vínculo de benefício duradouro – a amizade primária consigo mesma", diz ele. "Esta ligação cria uma base de autossuficiência que contribui para a independência do filho único, a fruição da solitude e a construção de uma relação positiva consigo mesmo."

Denyse, uma filha única já adulta de Iowa, me diz: "Eu sempre fui muito sozinha. Eu acho que é uma coisa de quem não teve irmãos. Eu não convido os amigos para conversar. Eu sou muito seletiva. Prefiro assistir TV ou ler um livro. Estou feliz só comigo." Em sua monografia da faculdade, Denyse falou sobre mulheres viciadas em video games. Agora ela dirige uma creche e é casada com um homem que trabalha à noite em uma fábrica de alumínio. "Eu só o vejo uma hora por dia. Funciona muito bem para mim, exceto por querer um pouco mais de ajuda em casa. Eu não posso dizer que estou solitária. Uma filha única clássica, estou te dizendo." Essa é certamente uma maneira de desenvolver uma compreensão de si mesmo. Mas eu adoraria sentá-la ao lado de Kisha, em Buffalo, que diz: "Estou sempre saindo, sempre me divertindo, sempre rodeada de amigos, o que eu sempre atribuí ao fato de ser filha única."

Geralmente, quando eu conheço filhos únicos com personalidades e hábitos visivelmente opostos, eles atribuem seus traços mais marcantes, não importam quais, à falta de irmãos. Crescer sozinho torna-se uma narrativa totalizante para tantos unigênitos – o que nos define, o que nos explica, o que oprime os outros fatores que nos moldam.

Vanessa e seu marido Mike, de Rochester, Nova York, representam as duas extremidades do espectro em um relacionamento. Vanessa conheceu seu meio-irmão quando tinha dezesseis anos; Mike tem dois meios-irmãos que já tinham seus vinte anos quando ele nasceu, portanto, ambos cresceram sem irmãos em casa. "Você poderia dizer que nós dois somos típicos filhos únicos, cada um do seu jeito", Vanessa me diz, "mas o meu marido não poderia ser mais diferente de mim, especialmente socialmente". Ela nunca conheceu um homem que falasse ao telefone tanto quanto ele, "não estou me referindo a ligações sobre trabalho, estou falando de ficar batendo papo com os amigos o tempo todo", enquanto ela se contenta em pegar o telefone, talvez uma vez por semana, para uma conversa rápida com a melhor amiga. "Sempre pergunto a ele: *quem é você?* Por que você precisa estar em contato com todo mundo o tempo todo?" Vanessa diz que os amigos do casal são na verdade os amigos dele. Ele é o conector social, e ela é a reticente. "Eu sou realmente cética em relação às pessoas. Eu me fecho quando conheço alguém. Suponho que não vou me dar bem com os outros." Ela me diz que deixa Mike conversar, quebrar o gelo, e antes que ela perceba eles têm novos amigos. "Se não fosse por ele, eu teria minha única amiga íntima – além dele, ele é realmente o meu melhor amigo – e eu estaria bem, mas ele precisa disso, e eu estou feliz por deixá-lo ter isso. Nós somos diferentes vertentes de filhos únicos , eu acho", o que ela supõe ser exatamente a razão para eles se darem tão bem.

Podemos ser felizes sozinhos, perambulando alegremente pela casa, lendo, perdidos em nossos pensamentos sinuosos, e em seguida, partindo para um conjunto diferente de necessidades, saindo correndo de casa para uma conversa intensa com um confidente ou juntando os amigos para uma tarde turbulenta. Ou podemos nos sentir presos entre os dois polos, nunca satisfeitos com a nossa realidade presente, sempre nos perguntando o que pode estar faltando em nós mesmos e na companhia de outros. Todo mundo pode sentir isso – e de fato, sente – não apenas os filhos únicos.

Mas para eles pode ser mais agudo. Emiliano, de Chico, Califórnia, está constantemente questionando sua relação consigo mesmo e sua conexão com os outros. Ele me diz que pode ficar só por muito tempo e que sempre se sentiu confortável por conta própria, mas ainda assim acha que sempre teve uma relação muito ruim consigo mesmo. "Às vezes eu olho para pessoas conversando e fazendo um intenso contato visual e me pergunto se eles estão tendo um nível de relacionamento que eu não tenho", diz ele. "Eu anseio por um relacionamento profundo – não apenas comigo, mas com os outros. Às vezes eu consigo, às vezes não. E fico muito ansioso quando não tenho sucesso."

Este desejo tende a ser pronunciado em filhos únicos, o que uma série de pesquisadores diz ser devido ao fato de que crianças sem irmãos, ao contrário da suposição popular, na verdade, tendem a ser mais hábeis em forjar relações do que outras pessoas. John Cacioppo, que dirige o Centro de Neurociência Cognitiva da Universidade de Chicago, e que coescreveu, com William Patrick, *Solidão – A natureza humana e a necessidade de vínculo social*, me diz que filhos únicos são especialmente famintos por estabelecer conexões e, portanto, são extraordinariamente sintonizados com a responsabilidade que vem com a construção de relacionamentos duradouros. Cacioppo acha que o nosso forte relacionamento primário com nós mesmos é irrelevante. Estar sozinho, diz ele, tende a não ser a principal experiência de filhos únicos. Em vez disso, ele me disse: "A infância solitária não é realmente solitária – ela condiciona com excelência para uma vida social."

Ou, como disse Jacqueline Olds, psicóloga que foi filha única até os dez anos de idade, coautora do livro *The Lonely American: Drifting Apart in the 21st Century* (O americano solitário: perdendo o contato no século XXI), "você aprende a ser uma boa companhia para si mesmo, mas também tende a se conectar mais intimamente e profundamente com outras pessoas". Claro, ela diz, há todo o "bate-papo interno" que tendemos a fazer – e que ela diz ser bom para nós – mas ele só funciona até certo ponto. "Todos nós temos um desejo de trocar ideias, se você não tem um irmão com quem conversar, você procura outras pessoas", diz ela. "Na minha própria vida, eu estava sedenta por relacionamentos, por isso transformei amigas em irmãs." Eu certamente fiz isso. Ainda faço.

Minha vida tem sido uma sucessão de amizades intensas. Às mais próximas faltaram limites; às vezes isso foi positivo, às vezes negativo, com o contato geralmente constante. Meu casamento acomodou essas intimidades – tanto com homens quanto com mulheres –, felizmente raramente gerando atritos. Muitos desses amigos são também filhos únicos, em busca desta mesma conexão intensa que eu desejava. Outros têm irmãos, dos quais alguns são próximos e outros, não. "O que nós compartilhamos é que somos viciados em intimidade", comenta meu amigo Eric – ele mesmo um irmão caçula.

Primeiro havia Leah, com quem eu brincava depois da escola e todo fim de semana. Éramos meninas pequenas com imaginações gigantes, habitando os mundos cavernosos e penhascosos de fadas e demônios. Minhas sardas, suas tranças, inseparáveis, a menos que estivesse por perto sua irmã mais velha, Hannah, quem eu adorava e me roubava a atenção, fazendo Leah se enfurnar mal-humorada no quarto. Posteriormente, veio Laura, também filha única, para quem eu ligava assim que chegava em casa após passar o dia na escola (com ela), dando continuidade à nossa conversa interrompida dez minutos antes. O fio do telefone da cozinha, uma vez enrolado, ficou esticado após tantas horas diárias sendo puxado ao longo do corredor e ao redor do batente da porta para chegar até a minha cama. Nós desligávamos quando nossos pais chegavam em casa para o jantar, apenas para nos telefonarmos novamente durante as horas permitidas – assistindo a *A Gata e o Rato* juntas no telefone toda terça-feira à noite – até meus pais baixarem um tal decreto.

No primeiro dia do Ensino Médio, conheci Sarah. Ela estava vestindo leggings da Body Glove e uma quantidade formidável de spray de cabelo – meus amigos que conheci posteriormente a chamam de "Sarah Aerosmith", um nome que eu nunca adotei – enquanto meu armário guardava um casaco vintage de leopardo e botas de plataforma. O apreço de Sarah por hóquei nunca entrou em conflito com minhas inclinações literárias. Éramos como irmãs – embora ela tenha uma, de sangue, excepcionalmente próxima –, cada uma com seu próprio gosto e tendências, mas partilhando a mesma língua secreta. Um de seus namorados uma vez comentou que assistir a uma conversa nossa era como observar um "Rolodex mental espástico", folheando os cartões em alta velocidade. Vinte e tantos anos depois, ainda nos chamamos assim, Rolodex mental espástico. E apesar dos conflitos, incompreensões e períodos de separação, ainda temos a mesma linguagem. Quando precisamos, Sarah e eu conversamos todos os dias. Mas na maioria das vezes não é assim.

Ela veio a entender que eu preciso de tempo para simplesmente ficar sozinha no que Carl Pickhardt chamaria de meu relacionamento primário. ("Você é uma 'Desaparecedora'", um amigo, também filho único, me disse recentemente. "Eu entendo. Sou assim também. Acho que é uma daquelas coisas que tendemos a ter em comum.") E Sarah entende que na minha vida eu preciso de outros viciados em intimidade, também. Ela viu décadas de amigos queridos indo e vindo. Alguns deles ainda contam como minha família, alguns eu perdi ao longo da vida, outros eu perdi e depois reencontrei.

Na minha jornada com filhos únicos ao redor do mundo, ouvi a maioria das pessoas descreverem a mesma série de amigos íntimos que tive. Minha amiga Anya, que cresceu em Berkeley, Califórnia, se envolve com a mesma ferocidade que eu – quando ela morava na minha esquina, acabávamos juntas na minha mesa de jantar várias vezes por semana, assim como ela fazia com outros amigos desde que era criança. Judy, que cresceu em Manhattan na década de setenta, tinha uma séria rede de melhores amigos da faculdade que eram todos filhos únicos. Marta, que nasceu no norte da Polônia e emigrou para os Estados Unidos trinta anos atrás, ainda criança, tinha quatro melhores amigas na infância, três delas filhas únicas, todas como irmãs para ela. Mads, de Berlim, vive em um prédio sem elevador repleto de outros filhos únicos, muitos dos quais acabam em sua sala de estar depois da escola. Eleanor, em Brooklyn Heights, sabe que a família que mora ao final do corredor deixa a porta destrancada durante toda a noite para o caso de ela querer abrir e ver a filha deles, sua melhor amiga, depois do jantar. No complexo de apartamentos de Xuhua, em Pequim, as crianças têm autonomia no pátio.

Você vai notar que todos os filhos únicos com amigos íntimos das histórias acima são habitantes urbanos. Todos os meus melhores amigos moravam a uma curta distância quando eu era criança; quando eu estava presa em casa, meu amigo Jonathan estava apenas três andares acima de mim. Sem pais permanentemente disponíveis para bancarem os motoristas em um lugar onde as casas são distantes umas das outras, o contato social que eu tanto procurava quando criança era de mais difícil acesso. Patricia Nachman, psicoterapeuta que escreveu o livro *You and Your Only Child* (Você e seu filho único), diz que essa proximidade é o principal fator a determinar o quanto as crianças podem se sentir conectadas – "é simplesmente diferente na cidade e no interior, quer dizer, totalmente diferente se você está com outras crianças num condomínio, digamos, ou morando numa casa sem ninguém por perto. Com quem diabos você vai brincar?"

Essas separações entre as crianças da cidade e suas semelhantes interioranas se tornam mais extremas e mais comuns, indo das terras rurais para os quintais dos bairros nobres mais afastados. Há alguns anos, um pesquisador na Inglaterra mediu o raio de onde seu avô era livre para passear (o lago, a quilômetros de distância) em comparação ao que seu pai podia chamar de seu território (os confins do bairro), em comparação ao lugar onde ele tinha autorização para brincar (o fim do quarteirão), em comparação ao portão da frente de seu jardim, que é o máximo que seu próprio filho pode chegar sem vigilância. Quando a área de reinado livre de um garoto diminui radicalmente, o mesmo acontece com os números de crianças ali e, portanto, com as oportunidades para se conectar a um mundo além de si mesmo.

Dean, agora em seus quarenta anos, concorda em falar comigo porque, como ele diz, com um sorriso malicioso, "ser filho único é um destino que eu não desejo nem a meu pior inimigo". Quando eu o questiono, ele admite que se refere especificamente à sua experiência de infância crescendo sozinho e solitário em uma cidade pequena – realmente pequena, aproximadamente trezentas pessoas – na fronteira rural de Nova Jersey e Pensilvânia. Com seus pais, especificamente. "Minha memória sentimental de infância é ter me sentido isolado e triste", ele me diz. Seus pais não tinham interesse por ele e se vangloriavam disso, "Dean sabe se cuidar sozinho". Ele sabia: passava horas desenhando em silêncio enquanto seus pais entretinham seus próprios amigos no outro cômodo. E então, quando Dean tinha oito anos, seus pais se separaram, e sua mãe se mudou para um lugar a duas horas de distância, o que fez com que ele passasse seus fins de semana num vaivém entre as duas casas. Todas aquelas horas de estrada eram a serviço da guarda compartilhada, nunca para levá-lo para visitar um amigo, por isso ele não se lembra de ter tido um sequer. "Eu me sentia quase como um órfão", ele me diz – embora sem o companheirismo que existe em um orfanato. Mais tarde, aos dezesseis anos, Dean se matriculou no Simon's Rock College em Berkshires, e sua total desconexão social chegou a um fim abrupto e reconfortante. Lá, esperando por ele, estavam os relacionamentos intensos que ele há muito desejava.

É difícil criar uma criança nas melhores circunstâncias, e eu admito que tenho alguma empatia por pais que têm que atender às necessidades sociais de uma criança no campo. No Brooklyn, eu posso espontaneamente levar Dahlia para o próximo quarteirão para brincar de fantasias com a amiguinha enquanto sua mãe e eu bebemos vinho na cozinha. Esta não é a realidade de toda uma população de famílias de filhos únicos. Debi, uma psicóloga infantil na Missouri rural, não tem quaisquer preocupações sobre a criação de um filho único, a não ser as geográficas. Sua história familiar é de uma fertilidade formidável – sua tia-avó comprou um ônibus escolar para transportar os quatorze filhos; seu pai era um de nove irmãos, e sua mãe, de seis. Comparativamente, Debi e seus três irmãos pareciam uma prole reduzida. "Mas eu teria me desfeito de cada um dos meus irmãos com prazer – há uma razão para ter me tornado psicóloga infantil", ela confessa enquanto bebe café. Seus longos cabelos acinzentados caem sobre o ombro na camiseta vermelha de manga comprida; ela e sua filha vestidas como gêmeas hoje. Quando, aos 41,

Debi adotou Sarah, na China, ela não pensou duas vezes. Mas agora que a menina já tem três anos, ela está muito consciente do isolamento da filha. A entrada da casa fica a 400 km do centro e a 800 do adolescente de dezessete anos mais próximo, que é a pessoa mais jovem em quilômetros. "Ela não pode sair e brincar na vizinhança porque não temos vizinhança", diz.

Embora Sarah tenha amigos na creche que frequenta, francamente, Debi admite, o que é preciso para marcar uma brincadeira na casa de uma das crianças é impossível. "Meu tempo não é suficiente para cobrir essa distância", diz Debi. Gasta-se no mínimo uma hora no carro na ida e na volta de uma festa de aniversário, geralmente muito mais. "É demais no final de uma longa semana." Então elas acabam usando os finais de semana para passear, sair para jantar e assistir futebol na televisão, sem outra criança em vista. O primo mais próximo de Sarah mora em St. Louis; a que ela mais gosta vive na Califórnia. Na semana passada, quando foi o aniversário de sua prima favorita, elas fizeram e comeram um bolo em sua homenagem, a mais de três mil quilômetros de distância.

Debi me conta que está pensando em como criar uma comunidade para Sarah on-line, já que não consegue fazê-la participar de uma pessoalmente ante sua estrada de cascalho. Patricia Nachman acredita que a intimidade que se desenvolve entre as crianças on-line pode ser rica e positiva. Além disso, acha que isso tem transformado a cultura de casa, "equilibrado o território entre filhos únicos e aqueles que têm irmãos", diz. "Mesmo quando há irmãos em casa, eles não estão falando com eles, estão trocando mensagens de texto com seus amigos. Tudo mudou." Meus telefonemas com Laura após a escola foram os precursores dessa intimidade virtual. Eu sei que diferença fizeram, mesmo do ponto de vista do mínimo nível de tecnologia de contato da década de oitenta, nada comparado com o que é possível em nossa época conectada.

Nachman diz que mensagens de texto e e-mails permitem uma conexão pessoal profunda, mas outros não têm tanta certeza. O córtex pré-frontal recebe informações de todos os cinco sentidos, e quanto mais sentidos envolvidos, mais rica a conexão, mais coesão social é promovida. O e-mail, no entanto, é o que é conhecido como uma vertente única de interação. Envolve nossa visão, mas nada além. Apenas palavras em uma tela, sem textura, sem tom, nenhuma linguagem corporal. Nada desenvolve conexões com tanta riqueza quanto o contato em carne e osso. Procuramos pistas físicas da outra pessoa quando buscamos conexão com ela – maneirismos, postura, expressões; assim, o vínculo humano é menos satisfatório sem corpos e rostos para ler.

O mundo on-line permite que filhos únicos se sintam tão conectados quanto crianças com irmãos em casa e em contato mais próximo com seus amigos do que qualquer um já esteve – diz a autora de *The Lonely American: Drifting Apart in the 21st Century*, Jacqueline Olds. "Filhos únicos agora têm pessoas com quem trocar ideias a qualquer momento, pela primeira vez. Você não estava em uma posição de poder ligar para seu melhor amigo à uma da manhã" – não que eu não tenha feito isso às vezes – "mas hoje você pode enviar um SMS a essa hora sem nem sequer pensar sobre o assunto", e eu faço, mesmo agora. Mas Olds diz que nem sempre isso é uma coisa boa. "Mil mensagens chegando não lhe dão uma sensação de bem-estar, elas só fazem você se sentir um motor envenenado, mais conectado", diz ela. "Quando você está digitando, não está realmente se relacionando." Na verdade, Olds acredita que a sensação de estar sempre disponível desperta nas pessoas "mais medo de ficarem sozinhas". Perdemos a capacidade de nos fazermos companhia, diz ela – um mecanismo crucial para os filhos únicos, bem como o que Pickhardt considera o nosso maior "dom". Reformulando o pensamento de Olds, nós não só perdemos a riqueza do vínculo, perdemos a riqueza da solitude.

A solitude é algo que, aos doze anos de idade, Maya, de Canton, Georgia, conhece bem. Ela é filha única e estuda em casa com sua mãe. Sua melhor amiga, Allie, vive em Tampa. Elas se conheceram há alguns anos, e sua relação existe quase que exclusivamente on-line. Alguns dias por semana elas se falam por Skype. "Conversamos como se estivéssemos voltando para casa da escola juntas", Maya diz, embora ela não só tenha de imaginar como seria voltar para casa na companhia de Allie, mas também como é voltar para casa depois da escola, ponto. Seus primos mais próximos estão em Nashville e Charlotte – "nós somos como irmãs e irmãos", diz ela –, mas eles se comunicam principalmente pela internet. Quando eu me encontro com Maya e seus pais, seu pai levanta a voz para dizer que Maya tem amigos no bairro e que aos domingos ela vê "os amigos da igreja", cujos nomes nenhuma pessoa da família consegue lembrar.

Eu analiso Maya, à procura de sinais de insatisfação, praticamente farejando no ar sua solidão. Ela é claramente uma criança que existe distante de outras crianças quase todas as horas de quase todos os dias de sua vida. E, no entanto, apesar da minha procura por desligamento em sua expressão e tom, tentando fazer perguntas capciosas que vão render alguma confissão, algum detalhe revelador, ela simplesmente parece ser uma criança feliz. Ela seria um grande objeto de estudo de John Cacciopo, que descobriu que jovens adultos que se sentem solitários não passam mais tempo sozinhos do que aqueles que se sentem mais conectados com o mundo.

Eu não consigo evitar imaginar como Maya vai se sentir em um ano ou dois, quando ela entrar pelo caminho sem volta da adolescência. Para mim, ser o único membro da família sem poder foi a experiência de estar – para roubar uma frase de Walter Mosley – *sempre em menor número, sempre desarmado.* Não havia um companheiro em igual desvantagem; não havia força em número.

Foi no Ensino Médio que comecei a me referir aos meus pais como a Frente Unida. Na época eu não sabia que estava fazendo referência a uma estratégia comunista para reunir todos os trabalhadores não afiliados: inclusão e construção de uma coalizão eram o oposto do que eu pretendia evocar. O que eu queria dizer – e ainda quero, ainda uso o termo hoje em dia, com mais de trinta anos, com uma filha – é que havia a pequena eu, desprovida de poder e mal representada (isso é, quando eu tinha alguma representatividade), contra a formidável autoridade de meus pais, aliados. Eles definiam meu toque de recolher (absurdamente cedo). Eles determinavam a melhor maneira de preencher a lava-louças (do jeito deles). Eles davam a palavra final sobre a limpeza do meu quarto (que não, não estava limpo, nem de longe, mas a força daquela autoridade parecia draconiana para minha sensibilidade adolescente). Como Nicole Campione-Barr, do Laboratório de Relações Familiares e Desenvolvimento Adolescente da Universidade de Missouri, comentou solenemente: "A autoridade parental é especialmente inescapável para filhos únicos. Os pais vão sempre ganhar. Não há mais ninguém a quem apelar. Simples assim."

Parece-me, do ponto de vista do quarto bagunçado onde passei muitas noites de castigo durante o Ensino Médio, atrás de uma porta trancada, que com outra pessoa para testemunhar as discussões ou quebrar a intensidade da Frente Unida, talvez, seu poder absoluto não tivesse sido tão aterrador. Este é, sem dúvida, o meu maior medo em manter Dahlia como filha única. Eu sei que, se algum casal pode ser considerado liberal e compreensivo com adolescentes, são os meus pais. E ainda assim eu sei que sem outra criança para distraí-los de cada toque de recolher desobedecido ou declaração rancorosa proferida, ou Deus sabe o quê, eles se tornaram, na minha visão adolescente, tiranos. Eu posso trabalhar para mitigar as tendências da Frente Unida, mas sem outra criança na casa, Dahlia sempre estará na mesma posição de desvantagem em que eu estive.

Vários psicólogos que entrevistei dizem que tenho sorte por meus pais terem sido – e ainda serem – tão unidos. (Isso sem mencionar a sorte de haver dois pais, juntos.) Muitas vezes, o filho único acaba sendo o peão nas batalhas de seus pais. Eu consigo entender porque eles veem a minha luta como salutar, e também por que foi positivo e apropriado para os meus pais se recusarem a compartilhar autoridade com a filha. E eu sei, em retrospecto, que enfrentar um conflito com uma adolescente antiautoritarismo foi o teste mais difícil que seu casamento já enfrentou, e que para o casal aparecer tão unido era necessário gerir em silêncio outros conflitos que ocasionalmente invadiam a vida conjugal, dentro do quarto.

Mas há uma solidão que surgiu a partir dessa dinâmica, um isolamento inevitável que ameaça cada visita, mesmo agora com Justin ao meu lado. E eu sei que enquanto senti, por muitas vezes, que era a única a carregar a sentença de vida de enfrentar sozinha uma Frente Unida, há um exército de milhões de nós, filhos únicos em desvantagem numérica, que foram desarmados. Ou, como explica Jacqueline Olds – que ri sombriamente em reconhecimento –, "a sina do filho único é ser eternamente encurralado por estes gigantes". Ela acrescenta: "É uma forma mais aguda de solidão." Olds e eu nos lamentamos sobre como é difícil não ter um confidente na mesma casa, o quão triste pode ser se sentir isolado e nunca ter alguém a quem recorrer que possa nos dizer que nossos sentimentos são válidos, ou mesmo que simplesmente testemunhe os conflitos. E Olds acredita que tal sentimento de isolamento pode se alastrar para além dos limites da própria família, para fora dos muros de casa. "Você se sente diferente de todo mundo se você não tem um irmão para sofrer as mesmas dificuldades que você."

Aí então, em dezenas de entrevistas, pessoas, desde psicólogos evolucionistas a terapeutas de família, lembravam que irmãos não tendem a sofrer as mesmas dificuldades dos mesmos pais. Nas famílias com mais filhos, diferentes alianças são formadas, regras diferentes são aplicadas e as crises familiares acontecem em diferentes estágios de desenvolvimento. Não existe uma experiência familiar unificada. Carl Pickhardt me avisa que imaginar se um irmão ou irmã poderia ter igualado o placar me leva a romantizar uma relação fraterna ideal. A fantasia me afasta de uma diferente visão do que poderia ter sido, que poderia ter sido uma solidão ainda mais aguda.

John Cacciopo diz sem rodeios: "Famílias com vários filhos muitas vezes não são funcionais, pois os irmãos são sempre comparados, e as diferenças são ressaltadas, frequentemente de forma dolorosa." Você pode se sentir excluído em qualquer estrutura familiar, ele ressalta, e isso acontece com muitas pessoas. "Uma fonte de solidão é quando você não tem uma identidade coletiva compartilhada, e a maioria das famílias, na realidade, não tem identidades coletivas compartilhadas." Intelectualmente estou sossegada, mas emocionalmente continuo insatisfeita. Minha amiga Kate comentou comigo há vários anos – e claramente isso ficou na minha cabeça – que eu sempre tenho que ser uma *outsider*. Eu nunca tinha pensado em mim dessa forma e recebi suas palavras como uma acusação, não como uma observação. Mas ao longo dos anos eu voltei a esta declaração diversas vezes, pensando na minha necessidade de usar uma jaqueta de moto em vez de uma do time do colégio, de ouvir indie rock quando todos estavam ouvindo pop e de ouvir jazz quando todos estavam ouvindo indie rock, de evitar esportes coletivos, de sentir desprezo por qualquer pessoa remotamente incluída em seus grupos – na faculdade, no trabalho – e de escrever sobre subculturas e crenças impopulares. Bernice Sorenson me diz, "como filhos únicos, a nossa experiência é inerentemente *diferente*, e nós nos tornamos o que somos por causa dessa diferença. Nem todo mundo se identifica, e não entendemos por que, mas é o nosso status de excluído voltando para casa para se aninhar". É uma frase melodramática, que soa como a deixa de *A Família Sol-Lá-Si-Dó* para tocarem as cordas em acordes menores que seguem a fala de Jan, *eu quero ser filha única*, a música da desgraça iminente. Eu rechaço suas palavras como fiz com a declaração de Kate anos atrás. Eu me pergunto se elas também vão mostrar sua sabedoria ao longo do tempo.

Meu primo Mike tem sobrancelhas grossas como as do meu pai – ambos somos parecidos com ele e nem um pouco um com o outro. Nossa proximidade começou no início de nossa adolescência. Estávamos isolados em um resort em Nova York (como em *Dirty Dancing*, mas em baixa temporada), celebrando o septuagésimo quinto aniversário do meu avô com jantares intermináveis e os tradicionais jogos de tabuleiro. Foi durante uma rodada de Pictionary que eu me conectei profundamente a Mike, três meses mais novo que eu, cabelos cacheados na altura dos ombros como um bom metaleiro e os óculos enormes que retroativamente humilham a maioria dos nerds que sobreviveram aos anos oitenta. Em questão de dias, nos tornamo inseparáveis. Ele passou fins de semana dormindo no sofá da sala dos meus pais e levou minha melhor amiga, Sarah, ao nosso baile. Minha colega de quarto na faculdade era sua namorada no colegial – e depois sua esposa. Nós nos formamos na faculdade com uma semana de intervalo. Ele estava sem rumo, eu estava vivendo em Washington com Justin – até então, um de seus mais queridos amigos –, e, perdido, ele se mudou para lá para ficar perto de nós. Durante três anos nós moramos a cinco minutos a pé um do outro.

Mas com o tempo nos distanciamos. Ele tinha seu próprio irmão. Ele não foi, e nunca será, o meu. Então nós tivemos nossas próprias filhas, também separadas por apenas uns meses, e nos encontramos novamente. Acho que essa é a vantagem da família, a capacidade de desmoronar e se reunir, embora, na verdade, o meu relacionamento com Sarah siga a mesma trilha. Éramos igualmente inseparáveis no Ensino Médio, um semelhante distanciamento, a mesma consciência que a proximidade dela com a irmã nunca poderia ser replicada, e a mesma reconexão já adultas, como mães, falando a mesma língua de sempre. Sarah é parte da família para mim, tanto quanto qualquer um com quem compartilhe a mesma estrutura genética.

Filhos únicos, sentindo falta de irmãos, tendem a construir a família que escolheram. Eu tenho feito isso de forma extrema, talvez indo mais longe do que outros. Vários anos atrás, um casal próximo tinha acabado de retornar ao velho apartamento após um ano vivendo no exterior. Em um dia de fevereiro coberto de neve, muito contra sua vontade, eu convenci a esposa a ir comigo olhar uma casa com uma fachada asfaltada horrorosa, mas com quentes pisos de madeira e um cativante teto de folha de flandres envelhecida por dentro. Caímos de amores por ela e decidimos naquele momento – quem se importa se os maridos estão ausentes? – fazer o equivalente imobiliário a fugir para Las Vegas juntas. Fizemos uma hipoteca. Contratamos um advogado. Eu me vi sentada em uma mesa de reunião no escritório de um advogado com Justin e os dois. Passamos horas naquele dia assinando a papelada que nos uniria legalmente de uma forma que seria possivelmente mais complicada para dissolver do que um divórcio. Nós nos mudamos para o andar de baixo da casa, eles se estabeleceram no de cima. Só depois que já havíamos substituído a máquina de lavar e plantado tomates juntos eu soube que as pessoas chamavam o que estávamos fazendo de coabitar.

O número de contratos de coabitação cresceu duas mil vezes na última década. A coabitação encontrou sua gênese em uma discussão renovada sobre criação cooperativa dos filhos, quando um jornal dinamarquês publicou um artigo intitulado "Crianças deveriam ter cem pais" muito antes de Hillary Clinton – mãe de uma só – escrever seu livro *É tarefa de uma aldeia*. Inspirados pela ideia de proporcionar uma família maior para seu único filho, dois arquitetos americanos trouxeram o conceito para os EUA no início dos anos oitenta. A psicóloga Susan Newman, que já escreveu dois livros sobre filhos únicos, me diz que acredita que quanto mais unigênitos escolhemos para criar, mais comuns se tornarão situações de vida como a minha, registradas em um escritório de corretor de hipotecas. "O que realmente muda, quanto menos irmãos temos, é como definimos o conceito de família", diz ela. "A família passa a ser os amigos e seus filhos. Eles se tornam o seu sistema de apoio."

Rapidamente, nossa casa tornou-se o centro nervoso de uma crescente família improvisada. Toda semana nós nos reuníamos para jantar no domingo à noite, acompanhados de seis a doze de nossos amigos mais queridos. Em todo feriado de 4 de julho nós íamos juntos para um lago no interior do estado, e passávamos todo ano-novo em Massachusetts, na praia. Enquanto isso, os nossos amigos do andar de cima começaram a ter suas diferenças. Conhecemos, assim como uma família de verdade, a dor e a compensação que acompanham um divórcio.

Mas a família continua, assim como uma família de verdade. Nossos queridos amigos, Carlene e John, sempre parte deste círculo, alugaram o apartamento no andar de cima. Os feriados de ano-novo e 4 de julho e os jantares regulares continuaram, com um grupo menor – e mais próximo – e ocasionais novas adições. Eric, também escritor, ainda compartilha um escritório comigo na casa. Ele, John e Justin jogam video game na sala de estar, enquanto eu me aconchego debaixo das cobertas para ler. Carlene desce de pijama para um espontâneo copo de vinho, John bate à nossa porta no caminho do trabalho para casa. Como uma família, nós sobrevivemos juntos, e seguimos em frente.

Ainda assim, eu sei que há um limite para o que esta família escolhida por mim pode me dar. Eu assisti a uma década da vida da minha mãe ser governada pelo cuidado de pais em pleno declínio – uma mãe cujo corpo viveu mais que a mente e um pai cuja mente viveu mais que o corpo. Dez anos de voos constantes e repentinos de Boston para a Flórida para acompanhar cirurgias fracassadas e medicamentos erroneamente prescritos, o rugido da CNN no volume máximo fornecendo uma trilha sonora implacável à confusão, depressão e o pior. Os dias da minha mãe entre reuniões e refeições eram uma navegação impossível pelos labirintos da aflição e do sistema de saúde, suas madrugadas à espera do choque anafilático de um telefone tocando. E isso com dois irmãos para compartilhar este peso. Eles eram tão comprometidos com o cuidado dos pais quanto minha mãe. Como vai ser comigo, sozinha?

Apesar de toda a desconexão que possamos experimentar com nossos pais, a maioria dos filhos únicos que entrevistei ou conheci admite ter medo da solidão que vão sentir sem eles. Essa é a tragédia grega dos unigênitos: o declínio da saúde e a morte de nossos pais. Eu tenho pavor de perdê-los, sou incapaz de me imaginar no mundo em sua ausência, vivo espantando da mente cenas dos meus amados avós em seus últimos anos agora reformuladas com meus pais, ainda saudáveis. Minha ansiedade de encaminhar Dahlia para este mesmo destino começou a me perturbar em minha insônia. Uma série de estudos descobriu que o cuidado com os idosos tende a ficar nas costas de um só filho. Não importa quantos irmãos alguém possa ter, a filha que mora mais perto dos pais tem a maior chance de fazer tudo sozinha. Ainda assim, um estudo de 2001 descobriu que um dos desafios mais consistentes percebidos pelos próprios filhos únicos era a preocupação em ser o único cuidador de pais idosos (além dos sentimentos de ansiedade sobre vir a ser o único sobrevivente da família, uma vez que os pais morressem). Meus pais tratam a minha silenciosa ansiedade com pagamentos mensais a um plano de saúde de longo prazo. Muitos não têm a sorte de poder arcar com um planejamento tão caro. E para aqueles que têm, ainda há limites para o que pode ser gerenciado por logística.

Justin é como um filho para meus pais. Ele será o primeiro a dar colheradas de comida pastosa na boca da minha mãe, como ele fazia com a minha avó, ou ajudar meu pai no banheiro, como ele fez com o meu avô. E ainda assim eu sei que meus pais não são os dele – ele não reside no impossível emaranhado de amor, autoridade, revolta, orgulho e mágoa que entrelaça a relação de pai e filho. Quando meus pais morrerem, ele vai chorar; ele vai experimentar uma profunda perda. Mas para ele não significará o fim de uma vida, de tudo o que ele já conheceu. E quando seus próprios pais morrerem, ele ainda vai poder ver nos olhos de sua irmã os olhos de sua mãe. Ele vai ter os seus rituais e as memórias deles, se eles os praticarem ou falarem sobre o assunto. Pode ser um conjunto divergente de memórias, cenas filmadas a partir de ângulos diferentes, com ênfases diversas, talvez até diálogos diferentes, mas será algo. Nós, filhos únicos, tememos o nada. Tememos os ventos que uivam em torno do último que sobrou de pé. Tememos o silêncio negro de carregarmos sozinhos essas histórias que tendem a desaparecer.

Enquanto esta dor continua a ser inimaginável para mim, apesar da minha angústia crônica a respeito do pesadelo que está por vir, só consigo pensar que enfrentar essa perda sozinha seja talvez a forma mais profunda de solidão. John Cacciopo diz que não acredita que seja uma crise mais profunda para os filhos únicos do que é para qualquer um, e que os divorciados (que serão a metade de nós) e os idosos (todos nós que vivermos até lá) experimentam a crise da vida solitária tão agudamente como qualquer outra pessoa. De fato, o pesquisador Norval Glenn, analisando dados de sete recenseamentos, escreveu no *Journal of Family Issues* que, pelo fato de os filhos únicos serem "emocionalmente mais autossuficientes e mais capazes de lidar com a solidão do que pessoas com irmãos, eles devem estar mais aptos a lidar com o isolamento social que acompanha a velhice".

E ainda assim a experiência vivida pode expor complexidades que dados frios não podem revelar. Eu tive a sorte de conhecer um médico geriatra chamado Jerry, que cresceu sem irmãos em uma estradinha do meio-oeste rural. Não foi uma infância de isolamento – nas proximidades morava uma família com uma confusão de crianças que ele tratava como irmãos. Na escola ele fez amigos íntimos para a vida inteira. Mais tarde, casou com uma mulher que adorava e que viria a se tornar como uma filha para seus pais. Em sua profissão, ele amorosamente acompanha idosos em seus últimos dias; orienta os filhos não apenas através do processo médico, mas também os ajudando a gerir a dor. Enquanto falamos, seu pager vibra de cinco em cinco minutos, avisando de uma possível morte após a outra. "É assim que eu vivo todos os dias. Eu acho que sei lidar com isso. Mas quando os meus pais ficaram doentes, eu sabia que todo o castelo de cartas cairia", ele me diz.

De fato, quando seu pai morreu, nos braços da esposa de Jerry, o sentimento de isolamento se instalou. A família escolhida de Jerry, seus amigos de infância, veio de todo o estado para o funeral de seu pai, lotando a igreja. Um amigo que ele não via há anos, um trabalhador de sindicato, contou que disse a seu chefe naquela manhã: "Eu não me importo se você me demitir, não vou perder o funeral, não vou deixar meu amigo sozinho." Foi reconfortante. Hoje, um ano depois, é a mãe de Jerry que está morrendo. "Está acontecendo agora. Agora eu sinto que é o fundo do poço", ele diz. "Se eu não estou qualificado para lidar com isso, quem está? Eu sou casado, tenho uma grande carreira, amigos maravilhosos, minha igreja – mas quando eles partem, você é a única pessoa que sobra. E não há como fugir disso." Então, reafirmo, sofrimento é sofrimento, e ele pode ser diferente de acordo com as circunstâncias, mas devasta a todos. Simplesmente não há como escapar do que é tão inevitável na vida quanto nossa própria mortalidade, que sentimos como se estivéssemos morrendo quando perdemos as pessoas que mais amamos, quer enfrentemos essa dor com ou sem irmãos.

3.

NÃO SERVEM PARA NADA

É discutido, mas é como a lei da selva, algo tão estabelecido na natureza e senso comum que não precisa de defesa: crianças sem irmãos não precisam compartilhar recursos e, portanto, são mais egoístas.

Mas conheça as Águias-de-Verreaux, que podem ser encontradas no território africano. A mais velha bica seu irmão até a morte em até três dias após a eclosão dos ovos. Um observador contou 1.569 bicadas de uma ave no irmão mais novo durante um longo e brutal fim de semana. A patola-de-pés-azuis de Galápagos não é tão cruel. Os pássaros mais velhos limitam a ingestão de alimentos de seus irmãos, de modo a manter mais para si mesmos, e só matam os mais novos se o seu peso corporal cair em cerca de vinte por cento. (Os pais patolas não intervêm nesses conflitos: eles praticam a teoria dos meus sogros de "alimente-os e afaste-se", só que neste caso não há o suficiente para alimentá-los.) E falando sobre lutar com unhas e dentes: leitões nascem com dentes afiadíssimos para defender a teta mais cheia da mãe das bocas famintas de seus irmãos, reservando o maior estoque de leite para si mesmos. A espécie de sapos *Spea bombifrons* é um pouco mais perigosa. Eles desenvolvem dentes letais que são usados para devorar seus irmãos, fonte de proteína. Esta, meus amigos, é a lei da selva.

Nossa psicologia evolucionista, se não o nosso comportamento real, é o dos sapos já mencionados. Pergunte a Frank Sulloway, que compilou esta informação para nos ajudar a entender por que os irmãos mais velhos tendem a ter características diferentes dos mais jovens. Os recursos de uma família são limitados, sejam esses recursos em questão Barbies ou brownies. Ou, mais importante, atenção dos pais. Consequentemente, o egoísmo é natural entre irmãos, com a competição às vezes explodindo aos níveis vistos em *O Senhor das Moscas*.

Há muito se diz que há grandes benefícios em sobreviver aos irmãos e dividir a oferta – ou a escassez – material e psicológica de uma casa compartilhada. Nós tendemos a não dar o devido valor a esta vantagem de desenvolvimento, apesar da hesitação de alguns ao lembrarem como foi descobrir que um filho é o favorito da mãe (e não é você) ou sofrer tortura diária nas mãos de um irmão (as feridas de arma de ar comprimido deixadas nas costas da minha mãe por meu tio podem ter cicatrizado, mas o trauma permaneceu).

Crianças são conhecidas por ter o que é conhecido como "empatia global." Elas choram quando ouvem os gritos de outro bebê; como vários pequenos Bills Clintons, eles podem sentir a sua dor. Mas em torno de seu segundo aniversário, algo chamado de "empatia egocêntrica" se desenvolve, ou seja, as crianças percebem que é bom para elas mesmas serem boas para os outros. Psicólogos infantis chamam isso de "comportamento pró-social" – ou seja, entregar aquele boneco porque é a coisa agradável a fazer – que começa em torno de dois anos de idade. (Não é de surpreender que este seja também o momento em que a culpa e a vergonha surgem no consciente – duas motivações sempre estelares.) A maioria dos irmãos mais velhos ainda são filhos únicos nessa idade. Em outras palavras, os supostos efeitos de socialização de um irmão ou irmã são irrelevantes.

Todos nós funcionamos no modo empatia egocêntrica. Narcisismo é outra coisa. Talvez Auden tenha resumido bem quando escreveu: "Estamos todos aqui na Terra para ajudar os outros. O que eu não consigo entender é qual a função dos outros." Narcisismo não se trata apenas de ver o mundo como seu espelho, mas sim demonstrar uma vontade de explorar os outros, um senso inflado de autoimportância, e de não sentir empatia – egocêntrica ou não. Sigmund Freud, em seu ensaio "Sobre o Narcisismo", fez uma diferenciação entre a autoabsorção patológica e simplesmente ter um interesse em si mesmo. Eu gosto de imaginar Freud assistindo ao clássico das lágrimas da década de oitenta, *Amigas para sempre*, rindo com a fala hoje famosa "mas já falamos o suficiente sobre mim – o que você acha de mim?" As falhas de caráter da estridente personagem de Bette Midler caem no estereótipo dos unigênitos: quando fica mais velha, sua mãe faz as malas e embarca para a Flórida, "onde é quieto", para fugir dos incessantes pedidos de atenção de sua única filha.

Desde os dias de Stanley Hall, as pessoas têm manifestado a convicção de que filhos únicos são os maiores narcisistas em nosso meio; uma vez que não temos de partilhar atenção com nossos irmãos, devemos ter auto-obsessão para dar e vender. Década após década, pesquisadores tiram o pó de um teste de diagnóstico comum chamado Inventário da Personalidade Narcisista para provar esta hipótese. Só que eles nunca conseguem. Por exemplo, um estudo de 1989 realizado na Universidade de Tennessee constatou que, ao contrário das expectativas dos pesquisadores, o narcisismo não tem uma correlação obrigatória com o fato de ser filho único. Então, em 1996, uma equipe da Loyola acreditava que havia uma base para a premissa conhecida como "teoria da aprendizagem social" – nós aprendemos uns com os outros, e se não há "outro" em casa não conseguiremos ser sociáveis com ninguém além de nós mesmos – e usou o Inventário da Personalidade Narcisista para testar este pressuposto. De novo, os números não conseguiram demonstrar que aqueles sem irmãos são diferentes de quaisquer outras pessoas.

Mais recentemente, Jean Twenge, psicóloga da Universidade Estadual de San Diego, cujos livros incluem *A epidemia do narcisismo* e *Geração do eu* fez seu próprio teste. Twenge descobriu que cerca de dois terços dos estudantes testados têm notas acima da média para o narcisismo, o que é cerca de oitenta por cento acima do índice de 1980 (o ano final da "Década do Eu"). No entanto, filhos únicos não estavam sobrerrepresentados de forma alguma. "Não podíamos acreditar", ela me diz, "mas nós simplesmente não conseguimos encontrar nada estatisticamente significativo". Ela ainda não acredita – e está atualmente trabalhando com uma amostra maior.

Carl Pickhardt rejeita abertamente a ideia de que filhos únicos sejam egoístas fervorosos por natureza. Além disso, ele acha que eles podem ser facilmente ensinados a evitar a armadilha do egoísmo. "A questão é que eles recebem tanta atenção que ficam realmente bons nisso. Mas você tem que guiá-los a serem também bons em *dar* atenção", diz ele. "Você tem de socializá-los de modo que eles sejam parte de algo maior." Esse algo maior pode ser uma coisa simples como ir à escola – não há espaço em uma sala de aula ou parque infantil para um egocentrismo descomunal. Ou, como diz Nicole Campione-Barr, a partir de seu ponto de vista no Laboratório de Relações Familiares e Desenvolvimento Adolescente, "simplesmente não é possível passar pela experiência escolar obrigatória com o tipo de egoísmo que as pessoas imaginam que os filhos únicos têm".

Mesmo que eu tenha ficado vesga examinando gráficos e conjuntos de dados sobre filhos únicos e egoísmo, mesmo que eu tenha estudado e analisado e desconstruído o estereótipo, ainda pesa em minha consciência cada vez que minha filha nega a uma amiga o acesso a seu baú de trajes de dança: *ela é uma filha única egoísta*. Muitas vezes penso em algo que George Hearst escreveu numa carta sobre seu único filho, William Randolph: "Há uma coisa certa sobre o meu menino Bill. Estive observando e notei que quando ele quer bolo, ele quer bolo e ele quer agora. E percebi que depois de um tempo ele consegue o tal bolo." Mas o melhor amigo de Dahlia, Lucas, que aos quatro anos ainda não tem irmãos, é o campeão em compartilhamento. E como um amigo me respondeu quando confessei pensar no estereótipo quando seus filhos vieram para um brunch recentemente – "meu filho é um irmão mais velho e é igualmente babaca."

Permeando muitos estudos sobre filhos únicos está a hipótese de que se os irmãos proporcionam experiências críticas de aprendizagem uns aos outros, a ausência de irmãos deve significar que essas lições não são aprendidas. No entanto, esta premissa raramente se alinha com os dados. John Cacciopo enfatizou isso quando me disse que, em vez de operar em termos de *isto é meu*, como irmãos tendem a fazer, filhos únicos aprendem com pai e mãe a desenvolver um comportamento maduro e ético nos relacionamentos. Unigênitos imitam seus pais: assumem e dividem responsabilidades em vez de brigar pelo controle remoto. Sob a influência dos pais em vez da de um irmão imaturo, Cacciopo diz que "você sabe que não pode explorar outras crianças, você sabe que tem que respeitar outras pessoas e você tende a ter uma responsabilidade maior dentro dessas relações".

Que filhos únicos não são mais egoístas do que os que têm irmãos e que muitas vezes eles têm mais autocontrole soa verdadeiro e não apenas na observação clínica, mas em inúmeros dados. Toni Falbo, em seu escritório desordenado no alto da torre da Universidade do Texas, tem conduzido meta-análises de mais de quinhentos estudos ao longo das últimas décadas. Vasculhando esse grande volume de pesquisas e realizando muitas outras por conta própria, ela examinou dezesseis traços de personalidade, incluindo liderança, maturidade, extroversão, participação social, popularidade, generosidade, cooperação, flexibilidade, estabilidade emocional e contentamento. Em todas estas categorias, as crianças sozinhas se saíram tão bem quanto as com irmãos. Em apenas dois ela encontrou uma diferença marcante nos resultados: motivação e autoestima. E nessas características os filhos únicos se saíram muito melhor do que as crianças com irmãos ou irmãs.

Além disso, em grande parte desses estudos e em outros que ela realizou desde a meta-análise, Falbo descobriu que filhos únicos são na realidade mais cooperativos do que irmãos (apesar dos quarenta e cinco minutos que levei para conseguir vestir Dahlia para a escola esta manhã). Agregando essas centenas de pesquisas, ela também constatou que filhos únicos atingem melhor pontuação em termos de "ajustamento pessoal". Este ajuste é a habilidade de lidar com eficácia com problemas tanto internos, como a ansiedade, quanto externos, como o conflito com os outros. Falbo descobriu que os filhos únicos tendem a se beneficiar de uma abundante "vigilância dos pais". Essa atenção, ela diz, tem a tendência de "influenciar profundamente a autoconfiança e a autoestima da criança", que ela diz serem "características com grande peso na área que chamamos de ajustamento pessoal".

Recentemente, o psicólogo Steven Mellor, da Universidade Estadual da Pensilvânia, enviou universitários para salas de aula de Ensino Fundamental e Médio armados com questionários para estudantes de onze a dezenove anos de idade. Seu objetivo era testar os resultados completos de Falbo com técnicas independentes de comparação. Mellor reuniu relatórios, analisou-os por mistura étnica, situação socioeconômica, sexo e grau de instrução e publicou os resultados no *Journal of Genetic Psychology*. Ele concluiu que os resultados "forneciam uma base muito mais clara" para o que Falbo sempre soube. Filhos únicos são geralmente mais autônomos, escreveu ele, têm níveis mais elevados de aspiração e motivação e têm identidades mais fortes, como visto nas pesquisas quantitativas sobre autoestima e capacidade de adaptação, ou seja, os números apoiaram o que o psicólogo Kenneth Terhune escreveu em seu livro de 1975, *A Review of the Actual and Expected Consequences of Family Size* (Uma revisão das consequências reais e esperadas do tamanho de uma família): que as crianças sem irmãos são "mais difamadas do que desajustadas".

Mas estatísticas impessoais – embora impressionantes – pouco têm a ver com a forma como experimentamos o terreno do mundo social.

Caso em questão: Estou tomando café da manhã com minha amiga Donna em um lugar do bairro a que vamos juntas de vez em quando. Acabei de deixar Dahlia na escola e estou um poço de ansiedade, o que para mim é um estado incomum. Dahlia é louca pela escola desde que começou a frequentá-la, aos dezoito meses – louca pelos amigos, louca pelos professores, louca pelo ambiente de sala de aula. Mas nos últimos meses ela reclamou de ter que ir à escola, e não apenas na parte da manhã, mas também na hora de dormir. Minha filha normalmente efusiva e sociável tornou-se taciturna e retraída. Eu não consigo interromper minha ladainha de preocupação nem para Donna pedir o café. E quando paro de falar, ela apenas ergue a cabeça e olha com ceticismo para mim por trás de seus óculos de gatinho.

"O quê?" Eu digo, após um longo silêncio.

Ela faz uma pausa e então diz:

"Bem, é aquela coisa dos filhos únicos, não é?"

"Como assim?" Eu pergunto, surpresa.

"Ela é filha única. Então ela é precoce, a ponto de excluir as pessoas. Você sabe disso. E isso a está fazendo ficar de fora. E se afastar. Ela não tem ninguém ao seu lado. É por isso que eu era tão triste antes da faculdade. E parece que ela vai ser também."

Estou estarrecida. Ela mesma uma filha única, Donna é precoce, sociável e querida. Além disso, ela é uma acadêmica que tem realizado pesquisas, analisado estatísticas e escrito livros sobre desenvolvimento humano. Eu já lhe falei sobre todas as descobertas feitas ao longo do século passado e faço questão de refrescar sua memória. Ela simplesmente dá de ombros e começa a falar ao mesmo tempo que eu.

"Tudo o que sei", diz ela, "é que eu nunca tive um companheiro de equipe. Eu sempre fui excluída. Eu era a criança desajustada e solitária. Eu brincava com as crianças do bairro e todas elas tinham irmãos. Eu ia para casa sozinha. Ficava chateada todos os dias na escola. É simplesmente o que acontece quando você é filho único."

Ela interrompe o discurso para pedir o de sempre a uma garçonete. Aproveito a oportunidade para comentar que sua experiência crescendo não foi igual à minha, que sua comunidade em Rhode Island e sua escola católica eram dominadas por grandes famílias, e que eu acho que o isolamento de ser a única criança sem irmãos que ela conhecia contribuiu para seu senso de solidão. Quando eu comento que Lucas, o amigo querido de Dahlia, é um dos vários filhos únicos em sua classe e que ele é exuberantemente participativo e sociável, Donna me corta.

"Ouça", ela fala por cima de mim. "Ela é filha única. Eu sei o que eu sei. Eu sei o que significa ser mais inteligente por causa disso, mas também o que significa ser a criança sensível. Sei como é difícil se encaixar por causa disso. Se eu fosse ter um filho, provavelmente teria um só – não estou te culpando por isso. Mas acho que você precisa se responsabilizar pelo que está fazendo com ela." Eu já ouvi este tom antes. E me pergunto se a mãe de Donna também.

Nossos pratos chegam e eu mudo de assunto. Estou desconfortável, e depois que nos despedimos volto para minha mesa, abro uma pasta e procuro nos arquivos por estudos relacionados a estereótipos. É quando eu encontro o artigo citado apenas como "Kitzmann" em dezenas de publicações recentes sobre filhos únicos. Em 2002, Katherine M. Kitzmann, Robert Cohen e Rebecca L. Lockwood, da Universidade de Memphis, publicaram um estudo no *Journal of Social and Personal Relationships*, que foi usado para reafirmar o discurso de Donna por uma década. Kitzmann e seus colegas não conseguiram encontrar nenhuma diferença entre crianças sem e com irmãos ao medir o número de amigos próximos e a "qualidade da amizade". Mas eles constataram que, quando os alunos foram questionados sobre como se sentiam em relação a filhos únicos em geral, em vez de crianças específicas de suas turmas, eles eram "menos queridos" por seus colegas de classe "como um grupo".

Esta conclusão é frequentemente usada para demonstrar que as crianças sem irmãos são menos bem-ajustadas socialmente do que as outras. O que a pesquisa realmente encontrou foram evidências de um estereótipo. Indivíduos unigênitos são indistinguíveis de quaisquer outros, mas *como um tipo* nós irritamos as pessoas. O conceito de filho único traz suposições de desajustamento, noções que caem por terra quando eles são considerados como indivíduos. Esse é o estereótipo vigente. Grande parte do que os pesquisadores concluíram foi que não havia diferença na qualidade ou quantidade de amizades dos filhos únicos, e "nenhuma desvantagem em termos de competência em díade ou em relações individuais".

Eu procuro por um estudo de 2004 intitulado "Playing Well with Others in Kindergarten: The Benefits of Siblings at Home" (Brincando bem com os outros no jardim de infância: os benefícios de ter irmãos em casa), de autoria de um pesquisador da Universidade Estadual do Estado de Ohio chamado Doug Downey. Como pai de dois filhos, ele achou que era hora de descobrir, como disse, "para que os irmãos poderiam realmente servir". Downey pediu a professores do jardim de infância que avaliassem seus alunos em termos de habilidades sociais: se eles se envolviam em brigas, como eles se relacionavam com os colegas, se eram solitários. Ele encontrou uma diferença modesta, mas confiável, entre os alunos sem e com irmãos, e concluiu que os irmãos agem, segundo ele, como "parceiros de prática social em casa", com os quais as crianças podem aprender a gerir conflitos. "Mas é difícil levar a sério um único estudo. E deve ser o único estudo" – além do de Kitzmann, eu digo – "que tem algo de bom a dizer sobre irmãos." Eu entendo o seu ponto. Em comparação às centenas de estudos ao longo dos anos, suas descobertas são raras, e quando analisadas à luz das meta-análises de Falbo (nas quais todos estavam incluídos), elas representam muito pouco, mesmo.

Evidentemente, o comentário de Downey para mim tinha sido irritante para ele. Depois da nossa conversa, ele e um colega publicaram um segundo artigo em resposta ao de 2004, estendendo a pesquisa para além do jardim de infância, abrangendo também o Ensino Fundamental e o Médio. Examinaram dados do National Longitudinal Study of Adolescent Health, em que mais de treze mil crianças foram simplesmente convidadas a nomear seus amigos. Eles contaram os nomes e os separaram pelo tamanho da família. O que eles descobriram foi que os filhos únicos tinham tantos amigos quanto as crianças com irmãos. Para Downey, isso sugeriu que qualquer característica que diferenciasse as crianças com e sem irmãos no jardim de infância já tinha sido rapidamente anulada e perdido inteiramente a importância conforme as crianças passavam por seus anos escolares, acumulando amigos ao longo das séries. Sua conclusão foi que, apesar de sua caça pelos benefícios quantificáveis de ter irmãos, estatisticamente, eles voltavam a provar, como ele me diz, "que não servem para nada".

Eu não consigo evitar, mas acho que Downey está exagerando. Ou talvez ele realmente acredite que os corações partidos da fraternidade não valham muito no final. Ainda assim, a função dos irmãos é, simplesmente, a rivalidade, a oportunidade de ser moldado por essa dolorosa tensão com eles. Isto, alguns pesquisadores e psicólogos acreditam, é importante para o ajustamento pessoal. "É realmente difícil aprender a lidar com as coisas feias e permanecer com elas, revidar, argumentar, negociar", como irmãos são forçados a fazer entre si, diz Laurie Kramer, professora de Estudos Aplicados da Família da Universidade de Illinois e mãe de um só. "É aprender a viver dentro de um relacionamento verdadeiramente ambíguo." Nesse sentido, ela diz: "Eu ainda acredito que os filhos únicos possam ter uma desvantagem, e isso explica por que eles tendem a brigar com seus pais", como eu certamente fiz. Kramer acrescenta que a vida sem irmãos nos dá menos experiências de "tomada de perspectiva". Carl Pickhardt me lembra de que, enquanto os sozinhos podem sonhar com a companhia de um irmão ou irmã, na realidade, "o que faz falta é a chance de ser moldado pela competição, pela comparação, pelo conflito". O benefício é oriundo da dor da rivalidade fraterna – não de ter um protetor no playground, como Donna imagina, mas um promotor dentro de casa.

Então, como posso enquadrar a infância solitária de Donna com a minha própria experiência? Eu não acho que ela está simplesmente reproduzindo o estereótipo. Ela é muito autorreflexiva para isso, e uma pensadora muito crítica. Além disso, não foi a única vez em que ouvi alguém falando isso sobre seu próprio passado. A maioria dos filhos únicos que conheci, entrevistados ou amigos, caíam na tendência Kitzmann de expressar o estereótipo sobre os filhos únicos isentando-se da descrição. Mas há exceções, pessoas que simplesmente admitem se adaptar ao padrão. Penso em Peter, que me disse que nunca se sentiu incluído na escola, em Albany, e que achava que nunca poderia se relacionar com ninguém, até ir para a faculdade (onde ele se relacionou com vingança, perdendo-se em intimidades complicadas e de êxtase). Ou Jennifer, que disse que ela era a "desajustada das desajustadas", até cruzar a Linha Maginot da puberdade nas conexões profundas de uma adolescência apaixonada.

Tentando entender essas experiências divergentes, B. G. Rosenberg, pesquisador em Berkeley, publicou um artigo há quase vinte anos no *Journal of Genetic Psychology* afirmando a ideia de que existem três tipos de unigênitos. O primeiro tipo Rosenberg descreve como "falador, assertivo, equilibrado e sociável". O segundo é "autoindulgente, descontrolado, frágil e com tendências a se vitimizar". O terceiro é "confiável, produtivo, simpático e exigente". Eu estava momentaneamente fascinada quando descobri essas categorias, do mesmo jeito que posso ficar ao completar um questionário de revista feminina no avião. Mas então eu percebi que me encaixo em todas as três categorias. Não só eu, toda a população mundial, com uma dúzia de irmãos ou nenhum, se encaixa nessas categorias também. (Acontece que a amostra considerou apenas os filhos únicos – Rosenberg nunca comparou essas características aos que têm irmãos.) Em outras palavras, você deveria saber que sou de Virgem. A não ser que, como uma vez um cabeleireiro me disse enquanto aplicava o shampoo, que por eu ser do início do período de Virgem sou realmente o meu signo ascendente, que é Sagitário.

Não estou dizendo que Donna não tenha se sentido como uma estranha no ninho sendo a única criança sem irmãos na vizinhança. Em vez disso, a pesquisa sugere que não há nada inerente a uma infância sem irmãos que confira esse status de excluído. É apenas difícil ser diferente, e é difícil não ter a coisa que você imagina que vai resolver seus problemas sociais, especialmente quando todo mundo começa a ter essa coisa, menos você. Outra amiga, Alysia, criada por um pai solteiro o mais distante possível de uma escola católica na Nova Inglaterra, na cena gay da São Francisco da década de oitenta, muitas vezes atribui suas tendências de desajustamento adulto à sua infância solitária. Ela também encontra essas mesmas características espelhadas em seu marido, Jeff. "Nós somos pessoas egoístas que querem atenção e carinho", ela admite abertamente, talvez exagerando um pouco na generosidade da confissão. "Nós dois somos carentes. Eu balanço o pêndulo para mim e me sinto tão culpada por isso – então ele faz o mesmo e eu fico ressentida." Mas Jeff não é filho único; ele tem uma irmã. A história que ele conta na tentativa de justificar seu jeito desajustado é que foi adotado quando criança.

Todos nós contamos a nós mesmos histórias diferentes sobre por que nos tornamos quem somos. Muitos filhos únicos, eu descobri, tendem a atribuir suas características negativas à falta de irmãos. Mas os dados nos dizem que isso é uma grande besteira. Avaliando a questão, em 1999, Heidi Reggio, na Universidade Estadual da Califórnia e na Clermont Graduate, aplicou uma gama de testes de personalidade em filhos únicos já adultos e em irmãos para medir sensibilidade socioemocional, expressividade, extroversão, introversão, neurose e estabilidade. Apesar de sua "hipótese de que crescer sem irmãos tenha um efeito negativo sobre o desenvolvimento das habilidades sociais", ela concluiu que – *todos juntos agora* – não há diferença. Na Holanda, uma equipe de pesquisadores examinou dados sobre o casamento e relatou que nós não somos mais propensos ao divórcio do que quem tem irmãos. (Eles descobriram que tendemos a preferir famílias pequenas, e que estamos menos satisfeitos com a nossa aparência; me revelando em ambos os casos, apesar dos resultados relacionados a autoestima em outros lugares.) Além disso, o sociólogo Norval Glenn concluiu, após analisar os resultados de sete pesquisas, que "a falta de irmãos pode de alguma forma ser uma ajuda para alcançar um alto bem-estar psicológico quando se tem mais idade". Ele supõe que isso pode estar relacionado com os nossos maiores índices de autoestima.

Menciono todas essas conclusões para Alysia numa tarde ao telefone. "Esses estudos são todos muito fascinantes, não?", diz ela. "Mas eu ainda sinto que perdi alguma coisa. Não senti tanta falta de ter alguém para brincar ou alguém para me ajudar a me desenvolver, mas senti falta de ter alguém que pudesse me fazer sentir como se eu fizesse parte de uma unidade, que me fizesse me sentir mais normal."

Cem milhões é um número para redefinir o conceito de "normal". Esta é a quantidade de filhos únicos na China de hoje. Não à toa, lá é onde a maioria das pesquisas sobre o assunto tem se focado nos últimos anos, na tentativa de determinar se o *Sunday Times* estava correto em sua previsão de "uma China no início do século XXI cheia de jovens adultos egoístas e ditatoriais".

O equivalente chinês para Toni Falbo, e colega próximo dela, é Xiaotian Feng, um sociólogo no campus arborizado da Universidade de Nanjing e o principal pesquisador do país no desenvolvimento de uma compreensão da maciça população de filhos únicos. Durante o início da década de oitenta, Feng ingressou em uma cultura acadêmica, na China e internacionalmente, que acreditava que, embora os filhos únicos alcançassem um nível mais alto de escolaridade que os que tinham irmãos, o custo de tal sucesso era um péssimo comportamento. Desde então mais de 150 estudos na China têm examinado o egoísmo e a capacidade de adaptação de tantos sino-solitários. O que os estudos têm concluído é que o Pequeno Imperador não tem roupas.

No ápice da sua pesquisa, Feng estudou todos os detalhes da infância sem irmãos. Não é brincadeira: ele questionou crianças para saber se elas "cozinhavam seu próprio macarrão instantâneo" de forma independente, para saber se elas apresentavam maiores sinais de "escrúpulo" (filhos únicos tendo a pontuação mais elevada em ambos os casos) e se tendiam a ser mal-educadas (na verdade, os irmãos ganharam na escala de grosseria). Suas descobertas em categorias menos obscuras, sem dúvida, serão familiares para você agora. Declarou que, indo de encontro à "ansiedade e ao preconceito das pessoas", filhos únicos se saem melhor socialmente na adolescência do que os jovens com irmãos. Eles se relacionam melhor, têm um número maior de amigos íntimos e se adaptam a um ambiente escolar novo com maior velocidade e menos problemas.

"Esta é uma resposta negativa à tendência predominante de ver o filho único como 'pouco comunicativo e excêntrico', 'antissocial', 'autocentrado em todos os aspectos' e 'difícil de se conviver'", Feng escreve em *Only Children: Their Families, Education, and Future* (Filhos únicos: suas famílias, educação e futuro). Porque unigênitos não têm parceiros em casa, ele acredita, intensificam seu esforço para se conectar com colegas de classe. "Crianças sem irmãos recebem uma maior compensação no comportamento social – isso significa que filhos únicos adolescentes aprendem ainda mais, têm melhor comportamento e se tornam ainda mais competentes." *Isso merece atenção*, seus artigos muitas vezes parecem implorar.

Mas há sempre uma Kitzmann. Uma equipe de pesquisadores do Instituto de Xangai encontrou resultados diferentes, levando a um artigo que avisava que os filhos únicos são suscetíveis a ter problemas com o desenvolvimento social. No entanto, estes resultados surgiram a partir de uma amostra muito pequena, com uma diferença estatística de 0,05, que quando aplicada a uma amostra como a de Feng se torna irrelevante. Além disso, eles se esqueceram de considerar fatores como idade, status econômico e assim por diante. Mesmo assim, apesar de centenas de estudos provando o contrário, o trabalho do Instituto de Xangai ressurge de tempos em tempos em pesquisas chinesas. É difícil derrubar um imperador.

Quando entrevisto a socióloga Xiaohong Ma, que estuda demografia e fertilidade no Instituto de Pesquisa Populacional de Pequim, ela aponta para uma foto emoldurada de seu filho, seu único filho, e diz: "Ele é um pouco Imperador – tantos Pequenos Imperadores. Mais de dois milhões deles aqui, só em Pequim." Eu questiono sua avaliação a respeito do filho. Não seria sua percepção do chamado egoísmo da criança uma mudança geracional relacionada à abertura de mercados e ao aumento do consumismo? Eu falo com ela sobre Bing, uma mulher que conheci em Pequim anos antes – quando eu estava grávida de Dahlia –, que me disse algo que se tornou um aforismo para mim: "Meus pais não cresceram com Mc Donald's. Nós sim. Então se queremos Mc Donald's, somos egoístas, somos Pequenos Imperadores. Mas, na verdade, somos como todo mundo." Menciono a extensa pesquisa de Feng. Xiaohong Ma concorda com a cabeça e sorri durante o meu pequeno discurso, e depois diz, ainda sorrindo, "mas um filho único é um pouco mais Imperador". Ela me serve uma xícara de chá verde e, tendo proferido a palavra final sobre o tema, muda o assunto para seu mais recente artigo.

4.

DESTACANDO-SE ENTRE OS MELHORES

Numa tarde em Pequim, faço uma longa caminhada. Perdida em um labirinto de vielas, entro por um beco que me leva a uma larga rua residencial. É o meio da tarde, as escolas começando a liberar os alunos. Centenas de estudantes são cuspidos pelo edifício de granito e vidro que é a Beijing # 11 High School, através de portões onde se lê "Aprendizado inifinito, desenvolvimento infinito". Todos eles, meninos e meninas, vestem uniformes esportivos em vermelho, branco e azul, carregando mochilas pesadas para cima e para baixo. Meninas saem andando em pares e rindo, meninos empurram uns aos outros. A maioria deles são filhos únicos. Vários atravessam a rua de braços dados para comprar sorvete do carrinho de um homem idoso. Outros mexem em seus iPhones enquanto esperam o ônibus debaixo de um outdoor anunciando a biografia de Steve Jobs. O resto ri e fofoca em grupos que passam de bicicleta por banheiras cheias de enguias à venda e uma mulher sentada na estrada costurando uma pilha de sapatos velhos. Estão a caminho de casa, onde vão preparar um macarrão instantâneo para o jantar, fazer a lição e estudar para os exames que irão determinar seus futuros e o quão alto poderão chegar em direção ao topo da pilha das realizações dos filhos únicos.

Quando Deng Xiaoping instituiu a política do filho único, em 1979, a intenção não foi apenas reduzir o número de chineses para alimentar, como muitos supõem. O objetivo de Deng era construir uma população de empreendedores mais competitivos que pudessem transformar uma enorme nação de camponeses pobres em uma potência de primeiro mundo. Qual seria o custo para produzir esta transformação pouco importava para um homem que ficou famoso ao dizer: "Não importa se o gato é preto ou branco, desde que cace ratos." Os direitos humanos nunca foram uma prioridade na República Popular, e de que modo o país pretendia "manter a baixa taxa de natalidade para melhorar a *qualidade* da população", como ele dizia, era tão importante para Deng quanto a cor de um gato.

Contrariando as probabilidades, uma nação composta principalmente de filhos únicos conseguiu levantar uma economia agrária empobrecida em direção à possibilidade de dominar o mundo em uma única geração. É difícil argumentar com a astúcia surpreendente de Deng. O "Líder Supremo" entendia o conceito de "diluição de recursos" e o que isso significava quando aplicado a quase um bilhão de pessoas dois anos antes de a socióloga Judith Blake publicar seu lendário estudo que cunhou o termo "demografia".

Professora da Escola de Saúde Pública da Unidade da Califórnia de Los Angeles (UCLA), Blake passou boa parte de sua carreira investigando por que filhos únicos alcançavam maior sucesso na vida escolar e profissional. O modelo de "diluição de recursos" que ela desenvolveu para entender a discrepância quase uniforme entre os filhos únicos e os com irmãos é um conceito surpreendentemente simples: toda criança dilui recursos dos pais. Esses recursos podem ser tempo, dinheiro, atenção – tudo, desde a quantia disponível para a faculdade até o número de palavras dirigidas diretamente por um pai a um filho. Filhos únicos recebem pelo menos cinquenta por cento a mais de tempo de cuidados ativos do que as crianças em famílias de dois filhos. Mais crianças recebem menos. E os recursos não diluídos da família do filho único, Judith Blake constatou – e outros reafirmaram –, dão ao unigênito maior chance de sucesso. Filhos únicos tendem a ter melhor desempenho educacional e ocupacional, não importando se os pais estão juntos ou separados, se são de família rica ou pobre.

Vale a pena mencionar um estudo em particular, chamado Project TALENT. Ele acompanhou 400 mil crianças em 1.225 colégios americanos e retomou o contato com elas quando estavam se aproximando dos trinta anos. Em todos os sentidos, o Project TALENT constatou que os filhos únicos tinham melhor desempenho em testes cognitivos do que as crianças com irmãos. E em testes que medem 32 tipos diferentes de inteligência, os filhos únicos pontuaram mais em 25 testes e empataram em quatro. Ao destrinchar os dados, os pesquisadores separaram grupos por situação socioeconômica e situação marital dos pais; os resultados foram os mesmos.

Além disso, nos *follow-ups* após alguns anos, os filhos únicos tinham tido maior progresso na vida acadêmica e haviam se casado com esposas mais instruídas. Os dados se alinham perfeitamente com o que vimos no recenseamento: pessoas sem irmãos tendem a atingir maior pontuação em testes de inteligência e ter mais sucesso na escola e no trabalho.

Para pais, ou futuros pais, são ótimas notícias. Mas Justin, por exemplo, acha ridículo usar uma chance maior de sucesso como razão para parar em um só. Eu tendo a concordar com ele, mas quero que minha filha seja feliz. E se ela tiver mais facilidade em testes de vocabulário, dissertações e avaliações de desempenho, não consigo evitar relacionar isso com felicidade.

Claro, a maioria das pessoas não pensa como meu marido, especialmente quando há apenas um filho representando o legado de uma família. Parte do estereótipo que ronda os filhos únicos é que somos criados pelos tipos de pais que têm formulários de Harvard arquivados desde o pré-escolar (na verdade, vários funcionários antigos de Harvard me disseram "em off" e "apenas informalmente" que há um número notavelmente descomunal de filhos únicos entre os alunos). Nossas matriarcas são como *mães de miss* – ou extremamente exigentes. Muitas vezes imagino ouvir os comentários de Toni Falbo durante um seminário sobre sua recente pesquisa na China: "Os pais americanos querem que seus filhos sejam felizes; os pais chineses querem que seus filhos sejam bem-sucedidos."

Em Pequim eu conheci Tommy, cuja história – como a de muitos de sua geração na China – parece o roteiro de uma propaganda que Deng Xiaoping teria aprovado. Ele nasceu dois anos após a política do filho único ser instituída, na cidade industrial de Hei Long Jiang, no norte. A cidade foi construída para atender à fábrica de aço e à usina local; é onde toda a sua família trabalha desde a construção, em 1959. Não há nenhuma livraria dentro de uma distância acessível; "os únicos livros que você consegue encontrar lá são os livros fiscais e os escolares", diz Tommy. "É um deserto cultural." Sua mãe queria que ele fosse a primeira geração de sua família a ir para a faculdade, mas o que ela tinha em mente era uma escola técnica local; ela o queria por perto. Eram objetivos distantes para uma família tão pobre – Tommy e seus pais só tinham cada um uma única roupa para vestir. "Literalmente, eu só trocava de camisa de tempos em tempos", Tommy me disse, endireitando sua camisa social recém-passada e tomando um gole de água com limão.

Mas seus pais haviam planejado habilidosamente como assegurar alguns livros para que ele pudesse ler, apesar de não terem carne para comer. Quaisquer recursos parcos que tivessem eram dedicados a ele. Seu tio e sua tia fizeram o mesmo. Agora, seu primo é um piloto, e Tommy está terminando seu doutorado na melhor universidade da China. "Esta é a história da minha geração", acrescenta. No dia seguinte, eu encontro Qioaxao, uma jovem executiva de marketing, para tomar um café e digo-lhe como achei Tommy notável. "Isso é o que é", diz ela com desdém. "Se eu tivesse um irmão, tudo isso seria impossível. Se meus pais pudessem ter tido um segundo filho, eu não teria tido os meus livros, não teria ido para a minha escola. Se eu tivesse um irmão, ainda estaria na minha cidade, nas províncias, trabalhando na lavoura, talvez na fábrica." Ela mexe seu café com leite e arregaça as mangas de um elegante blazer preto. "Como eu era a única, tinha todos os recursos. Tinha livros, consegui ir para a faculdade... É por isso que estou aqui. Este é o ponto." Judith Blake não poderia ter resumido melhor.

A política do filho único é muito mais simples na teoria do que na prática. Em algumas províncias, se o primeiro filho de uma família for uma menina, eles têm permissão para tentar novamente ter um menino. A medida foi aprovada na esperança de reduzir a frequente e horrível prática do infanticídio seletivo – abortar fetos do sexo feminino ou abandonar ou matar recém-nascidas por uma chance de tentar um tão desejado menino. As minorias étnicas muitas vezes têm permissão para um segundo bebê. Algumas províncias permitem que filhos únicos tenham dois. E, em algumas regiões ricas, como em Xangai, a política tem relaxado para permitir famílias maiores que possam fazer maiores contribuições econômicas. (Chame de comunismo ideológico a serviço do empreendimento econômico.) Mas mesmo para aqueles com permissão e que vivem em cidades populosas da China, as dificuldades da vida cotidiana tornam impossível criar uma segunda criança.

Você poderia pensar que é apenas a política do filho único que mantém o elevado número de famílias com uma só criança na China. Mas conversando com os pais e analisando o estudo, uma história muito diferente emerge. Acontece que muitas pessoas no país acham a realidade do segundo filho tão impossível quanto em qualquer outro lugar do mundo. Além disso, a crença comum de que parar no primeiro filho é a única forma de garantir o sucesso dessa criança nesta terra de cruel concorrência fez com que a política virasse também uma lei pessoal, tanto quanto do governo. Certamente, não se pode desconsiderar que décadas de propaganda estatal enaltecendo as virtudes dos filhos únicos se infiltraram na cultura popular. Mas quando você olha para a vida dos cidadãos chineses – o que é economicamente viável, o que eles conquistaram, quais são seus objetivos para o seu futuro pessoal e não apenas o futuro da nação – não há dúvida de que a lógica do Estado tornou-se a lógica fundamentada, e a verdade da propaganda tornou-se a verdade objetiva.

"As pessoas não querem outros – um vai ser bem-sucedido", Xiaohong Ma me diz quando nos encontramos em seu escritório no Instituto de Pesquisa Populacional de Pequim. Nos estudos de Ma sobre o porquê de as pessoas terem filhos únicos, sessenta por cento disseram que a política não teve nada a ver com a escolha. E entre os quarenta por cento que disseram que sim, a política foi listada como a última razão para pararem no primeiro: suas preocupações são, em ordem, salário, cuidados com a criança, habitação e carreira. "E, em todos os casos, acrescentaram que eles pararam em um só para o filho ser bem-sucedido", diz Ma. "Todo mundo aqui pensa que é a única maneira de fazer uma criança ter sucesso – os pais são considerados ruins e egoístas se resolvem ter outro filho." Ma gostaria de ter podido fazer a escolha de parar em um só, sem a pressão da legislação, mas diz que, provavelmente, teria feito tudo igual (apesar do fato de ver seu próprio filho como um Pequeno Imperador). "Às vezes eu queria mais de um, muitas vezes não, mas acho que ter apenas um foi um benefício para minha família", diz ela, dando de ombros. "Meu filho se sai muito bem em seus testes."

Quando eu encontro uma jovem mãe chamada Yanting em um Starbucks lotado de um shopping de Xangai, cercado por lojas Bally e Burberry, ela é uma ilustração do estresse de se considerar um segundo filho. Ela corre, atormentada, atrasada, culpada, em um *trench coat* azul e saltos altos – a reunião demorou, sua mãe ligou com uma questão sobre o filho. "É demais para mim." Eu sinto empatia. Yanting tem um diploma em medicina chinesa, mas trabalha com vendas. Seu marido é médico. Quatro anos atrás, depois que seu filho nasceu, seus pais, ambos trabalhadores de uma fábrica no interior, mudaram-se para seu apartamento de trinta metros quadrados e dois quartos, e dormem no quarto da criança. A rede de segurança social aqui ainda é a família: os avós cuidam dos filhos, os filhos cuidam dos pais e ninguém ousa mudar isso. "Eu não consigo imaginar ter tempo ou dinheiro para ter outro filho, e nós temos uma boa situação", ela me diz. "Mas eu quero ter certeza de que meu filho vai para a faculdade, assim como eu fui. E onde iríamos acomodar outro?"

Como no levantamento de Ma em Pequim, um estudo em Xangai e arredores constatou que menos de dois por cento dos pais citavam a política como a razão pela qual eles têm apenas um filho. Zhenzhen Zheng é uma pesquisadora da Academia Chinesa de Ciências Sociais que realizou a pesquisa com demógrafos da Universidade de Nanjing, do Instituto Brookings e da Universidade da Carolina do Norte. Ela me diz que o estudo mostrou que as pessoas diziam que queriam dois filhos quando a escolha era teórica, "mas, quando tinham de aplicar essa escolha à realidade de sua família, declaravam que um era o suficiente". Eles citam as mesmas preocupações: os altos preços dos apartamentos e como é duro pagar alguém para cuidar da criança durante as longas horas de trabalho. "Perguntamos a eles: 'Quanto dinheiro seria suficiente?'", conta Zhang. "E eles falam um número que parece impossível de alcançar, não importando sua renda, sendo pobre ou rico. Eles decidiram que esta é a melhor escolha para o sucesso do presente." Pensativa, ela faz uma pausa, e frisa: "É incrível como isso se tornou totalmente normativo aqui em uma única geração." Zhang diz que não é apenas uma questão de quão pouco o Estado faz para ajudar com creche, habitação ou cuidados com idosos – é que as pessoas aprenderam em uma única geração, através de um "impressionante efeito coorte", que ter um filho não só permite que elas sejam pais, mas também lhes dá a flexibilidade necessária para fazê-lo em seus próprios termos, além de deixar este filho, por ser único, mais bem-equipado para corresponder às sempre crescentes expectativas.

Penso em Qiaoxao, a jovem executiva de marketing que conheci em Pequim que nutria uma paixão adolescente por Mike Seaver, cujos pais dividem seu tempo entre a fazenda e a fábrica enquanto ela trabalha em um arranha-céu. De muitas maneiras, ela representa o impressionante salto da China de um terceiro mundo emergente a superpotência de primeiro mundo em apenas uma geração. Ela e o namorado falam sobre como seria divertido ter dois filhos, mas, na realidade, ela sabe que, mesmo se pudesse, nunca faria isso. "Todos os jovens que conheço são como eu, todos queremos o *melhor* para nossos filhos, todas as coisas que tivemos e mais", ela me diz. "E para nós mesmos também. Quero uma vida totalmente diferente da dos meus pais. Eu quero ser uma profissional com uma carreira – tenho medo de ser apenas esposa e mãe. Não é para isso que trabalhamos tão duro."

Quanto menor a família, menor a relação de educação e sucesso com origens sociais, descobriu Blake em seus estudos. Isso não é só porque uma educação é mais barata do que duas, três ou quatro, e não muda se educação significa livros em uma cidade industrial chinesa ou doze anos de uma escola particular. Um dos recursos relacionados com o sucesso que fica diluído com cada nascimento subsequente é o número de palavras ditas a uma criança, declararam dois psicólogos britânicos, Judy Dunn e Carol Kendrick. Além disso, uma equipe de pesquisa israelense descobriu que as mães interagem com os filhos únicos duas vezes mais do que com os filhos mais novos. (Eles não analisaram os pais.) Inúmeros estudos descobriram que quanto mais os pais falarem com uma criança, melhor o nível do vocabulário dela – e maior o seu QI também. Unigênitos tendem a marcar dois ou três pontos a mais em testes de QI, o que equivale a quarenta e cinco pontos no SAT (o equivalente norte-americano ao nosso vestibular/Enem/Sisu). Este ambiente verbalmente rico é o resultado de viver de uma forma mais adulta, e, portanto, mais cerebral.

Mas este ambiente cerebral não é apenas consequência da tendência de nossas mulheres mais instruídas terem menos filhos. O psicólogo social Robert Zajonc, que codesenvolveu o "modelo de confluência", que fornece a base matemática para entender a relação entre tamanho da família e inteligência, descobriu que, conforme o número de irmãos sobe, o ambiente intelectual da família desce, independentemente do seu nível de escolaridade. Os pais não só falam – e leem – menos com seus filhos, mas toda a família torna-se mais "infantil", operando no nível de seu membro mais jovem. Em vez de desafiar a criança mais velha, as interações são puxadas para trás, facilitadas, para acomodar a mais nova. Ou, como Blake colocou, com um literalismo que ameaça inflamar, a família "fica equiparada com as mentes infantis". Como muitos pesquisadores já discutiram – visivelmente e repetidamente Toni Falbo e sua colega Denise Polit –, o sucesso dos filhos únicos pode frequentemente ser creditado às relações especiais que temos com nossos pais. Este é mais um efeito da diluição de recursos: quando os pais ficam muito desgastados para gerenciar os conflitos plurais das famílias maiores, eles tendem a governar de uma forma mais autoritária. Por outro lado, Falbo afirma, a típica relação positiva entre a criança sem irmãos e seus pais tende a substituir a pressão pelo incentivo, o estabelecimento de uma "autoimagem positiva enquanto ainda se perseguem novas conquistas".

Como com a solidão e o egoísmo, é difícil de definir objetivamente a realização. Membros da sociedade Phi Beta Kappa provavelmente não ficam impressionados com um adesivo "Meu filho é o aluno do mês" a menos que esteja em seus próprios carros. Como qualquer um sabe, há peixes grandes em pequenos lagos – e há as baleias azuis. Ao discutir sobre filhos únicos e realização, eu queria encontrar algumas figuras sobre as quais todos nós pudéssemos concordar, tanto ícones biográficos quanto estudos de caso de como unigênitos são movidos por sua dinâmica familiar. Daí a pilha na minha cabeceira de biografias sobre filhos únicos que deixaram sua marca em assuntos diplomáticos, história intelectual, estado da arte e a forma de uma canção. DaVinci, Gandhi, Sinatra. Em suas histórias, e vou compartilhar apenas algumas, temas em ressonância com o que tenho ouvido em entrevistas e coletado a partir de estudos: a falta de diluição de recursos é um, a confiança radiante é às vezes outro, e ambas estão ancoradas na devoção dos pais, para melhor ou para pior.

Vou começar com Iris Murdoch, não só porque eu a venero, mas porque pensei nela quando estava entrevistando Qiaoxao em Pequim. Especificamente, eu me lembrei de como seu romance sobre assassinato de irmãos, *O Cavaleiro Verde*, levou o amigo e biógrafo Peter Conradi a escrever que "ela teria de se sacrificar por um irmão mais novo que, por ser do sexo masculino, teria prejudicado seriamente sua educação por passar a ter prioridade". Murdoch não era uma criança abastada: seu pai trabalhava como funcionário público júnior e pegou dinheiro emprestado além da hipoteca para garantir que Iris pudesse participar de escolas "intensamente nobres", onde foi rapidamente nomeada como representante de turma. Mas os recursos que seus pais investiram nela não eram meramente financeiros. A jovem Iris ia junto com o pai a sebos literários; eles passavam noites lendo e discutindo livros infantis, poesia e Shakespeare.

Mas para alguns filhos únicos, o investimento de recursos dos pais se estende para além de leitura em conjunto ou poupança para a faculdade. Uma história que vem à mente é a de uma menina crescendo no lado negro de Birmingham, Alabama, no início dos anos sessenta, onde as mangueiras de incêndio de Bull Connor eram testadas em seus vizinhos. Os pais desta menina sabiam que, para ela ter sucesso, teria que fazer qualquer coisa duas vezes melhor do que as crianças brancas da cidade. Seus pais eram ambiciosos – seu pai era pastor e administrador acadêmico, sua mãe era professora –, e a menina era precoce. Aos três anos, ela aprendeu a tocar piano e ler. Sua mãe a mantinha em um cronograma rigoroso: "Ela acordava, lia, tocava piano, comia alguma coisa, voltava a tocar piano, lia um pouco mais", contou um amigo sobre seus anos de educação domiciliar. Quando ela finalmente começou a frequentar uma escola, seus pais compraram novos livros didáticos para toda a classe porque os livros de segunda mão oriundos da escola branca local estavam danificados e ultrapassados.

Quando ela completou oito anos, um professor com mestrado em línguas estrangeiras modernas (uma verdadeira raridade na Birmingham negra da época) foi contratado para passar os sábados instruindo a aluna aplicada. Seu posterior sucesso, lembra o professor, "não foi por acaso, foi por esforço". O piano tornou-se competitivo – ela foi a primeira aluna negra no conservatório em 1964 – e a patinação no gelo foi inserida no cronograma. Enquanto a maioria dos jovens estava indo para o colegial em 1970, esta garota estava de pé às 4h30, na pista de gelo às 5h, patinando até às 7h, dentro da sala de aula em uma universidade próxima às 8h, 9h e 10h, para em seguida praticar piano por uma hora, ter aulas na escola paroquial no período da tarde, voltar para casa para fazer a lição e praticar mais piano, e se tivesse tempo, voltar para a pista. Aos dezenove anos, ela estava matriculada em um programa de mestrado em ciência política. "Ciência política? Este é o momento de desmaiar", disse seu pai. "Negros não fazem ciência política." Mas ela fez. E ela se tornou nossa primeira secretária de Estado negra.

Um parente disse à biógrafa de Condoleezza Rice, Elisabeth Bumiller, que seus pais essencialmente roubaram sua infância. Rice refutou a ideia, declarando-se feliz por ter sido criada exatamente como foi, "porque agora eu posso tocar piano e tocar com Yo-Yo Ma, e posso compreender uma conversa em francês com o presidente Chirac". Parece que Rice oprimiu a ambição de seus pais com a sua própria. Seja qual for o sentimento conflitante que ela possa ter em relação ao que sacrificou por tal sucesso, ou sobre como tal educação a moldou para ser quem é, Rice, evidentemente, não deixa transparecer em público.

Talvez ela saiba que a estrada que leva a um cargo alto em Washington tenha sido anteriormente pavimentada por alguém de muito maior privilégio: a infância de Franklin Delano Roosevelt, também filho único, é um equivalente luxuoso do regime Rice. Uma infância supervisionada e totalmente esquematizada: café da manhã às 8h, aulas até às 11h, almoço, aulas até às 16h, duas horas de brincadeiras, jantar às 18:00, cama às 20h. As aulas, é claro, eram supervisionadas por governantas e tutores com pedigree, tudo organizado por sua mãe, Sara, que observava tudo de perto e fazia questão que FDR estivesse aprendendo a ler e escrever em francês e alemão enquanto outras crianças estavam apenas começando a aprender inglês. Para melhorar suas habilidades de linguagem, ele frequentou uma escola na Alemanha aos nove anos de idade. Roosevelt já estava familiarizado com viagens para a Europa, tendo navegado para o continente anualmente desde os três anos de idade. Ele assistiu a uma apresentação de *O anel do Nibelungo*, de Wagner, em Bayreuth, e adorou; assim era a sua infância. O Ensino Médio foi em Groton; a faculdade, em Harvard.

Chega a ser um eufemismo risível ouvir sua mãe falar "seu pai e eu sempre acreditamos muito em Franklin". Mas, além dessas armadilhas da boa condição social, o biógrafo de Roosevelt, Jean Edward Smith, se esforça para discutir o apoio, não apenas a pressão, que ele sentia de seus pais, e a copiosa devoção de tempo de sua mãe ao simplesmente sentar e ler (*Robinson Crusoé* era um favorito). A filha de FDR credita a mãe dele por lhe dar "a certeza de que ele precisava para vencer a adversidade". Ou, como o biógrafo Smith escreve: "A confiança dos Estados Unidos em FDR dependia da incrível confiança de Roosevelt em si mesmo, e isso devia-se muito ao conforto e à segurança de sua infância." O brilhantismo de Roosevelt não veio simplesmente dos cofres polpudos da família, que puderam fornecer uma série de tutores e viagens transatlânticas, mas a partir de uma infância em que o prazer de ler e conversar com os pais não foi prejudicado por comparações a um irmão ou por dividir atenção com um.

Ter pais que acreditem em você acima de tudo gera uma relação especial com você mesmo. Será que Betty Bacall teria virado Lauren se não fosse por sua mãe solteira e falida – que não podia juntar dinheiro para um casaco de US$17,95, como ela lembra – que se emocionava com suas imitações de Katharine Hepburn? “Eu não era excepcional para ninguém, só para ela”, Bacall escreveu em seu livro de memórias, *By Myself* (Por mim mesma), no qual muitos parágrafos são dedicados à devoção sincera de sua mãe à filha. “Ela me apoiava o tempo todo. Se eu quisesse ser dançarina e atriz – eu o seria se ela pudesse fazer alguma coisa a respeito. Ela me ajudou e me incentivou enquanto o resto da família achou que ela estava louca.” E assim, apesar da “superficialidade” do teatro em relação a uma vida em que mãe e filha compartilhavam um colchão barato, “através de seu amor abundante e sua crença em mim, ela me convenceu de que eu poderia conquistar o mundo – qualquer parte dele ou inteiro”, Bacall escreve. “Ela me deu o impulso e eu saí correndo.” Será que esta menina teria brilhado na telona se a energia de sua mãe – para não mencionar a renda – houvesse sido dividida com outra criança?

Eu amei descobrir que Sinatra, filho único, havia organizado uma festa de aniversário para Bacall em Las Vegas, para a qual ele convidou o também unigênito Cole Porter para celebrar – a convenção dos meus sonhos. Porter tinha uma mãe que defendia os desejos e o talento do filho contra qualquer ameaça, mas, ao contrário da família Bacall, não havia necessidade de compartilhar uma caixa de molas na casa Porter. Seu avô governava um vasto império de madeira e petróleo, mas o dinheiro vinha com amarras: uma vida baseada em sua cidade natal, Peru, Indiana, escola militar e uma carreira no mundo dos negócios. E quando ele insistiu em seguir outro caminho, Porter foi excluído. Sua mãe teve que encontrar outras maneiras de pagar por suas aulas de violino, piano, dança e sua taxa de matrícula na Worcester Academy e em Yale. Não admira que ele tenha composto tantas canções para ela.

Nem Bacall nem Porter falaram alguma vez sobre terem se sentido pressionados pelas mães que arriscaram tanto por suas carreiras improváveis nas artes do espetáculo. (“Mãe de Miss? Ela não saberia como!”, Bacall exclama em seu livro.) Mas ainda assim, o fato de

Bacall poder realizar os seus – e de sua mãe – improváveis sonhos era certamente significativo. "Que eu pudesse cumprir essa promessa para ela era tudo para mim", ela escreve, "que sua fé e apoio não fossem em vão".

Mas como um raio de sol através de uma lupa, toda essa luz pode aquecer até queimar. Esta "relação especial" entre filhos únicos e seus pais pode ser uma faca de dois gumes. Para algumas pessoas ela flutua perigosamente na superfície toda vez que se traz para casa um boletim, uma advertência ou uma namorada desaprovada pelos pais. Às vezes ela carrega o peso financeiro de empréstimos estudantis e sacrifício, às vezes toma a forma de um legado manchado pela única pessoa que vai levá-lo adiante. Às vezes é simplesmente a mágoa por algo menor do que a satisfação completa.

Meus pais sempre foram viciados na rádio nacional NPR, minha mãe especialmente. Uma vez, quando ela comprou um carro novo, um amigo memorizou todas as estações em 90,9, a rádio pública de notícias de Boston. Ela levou meses para perceber a brincadeira. E assim, quando fui trabalhar na sede da National Public Radio, em Washington – primeiro como estagiária e depois como assistente de produção, e assim por diante – meus pais não conseguiam esconder seu entusiasmo. O ponto alto da semana era quando o meu nome era mencionado nos créditos.

Depois de alguns anos, passei a contar minhas próprias histórias e temia que eles nunca fossem superar minha saída da NPR. Eles juram que não é o caso; que isso só existe na minha cabeça. No entanto, quando eles não ficam extremamente entusiasmados com um artigo que eu escrevo ou com um livro que eu publico, este sentimento retorna. É uma ansiedade – um frio no estômago, um aperto na garganta – que eu carrego comigo muito mais do que deveria. Não é pressão que meus pais colocam em mim – é pressão que eu coloco em mim mesma. Claro, às vezes eu ainda me vejo ressentida com eles por isso. Às vezes fico tão desesperada por sua aprovação quanto na adolescência.

Psicólogos tendem a enxergar esta pressão como resultado de uma falta de diversidade familiar. Meus pais têm valores e gostos muito semelhantes. Isso não é uma coisa ruim – na verdade eu acho que é uma das principais razões pelas quais eles continuam tão felizes após quarenta anos de casamento. Mas quando seu filho diverge das escolhas que você faria, das expectativas que você criou e das preferências que você tem, a ecologia da ética de uma família pode ser desequilibrada de uma maneira muito particular. Parece um novo decreto promulgado pela Frente Unida da criação de filhos únicos.

Na incubadora de uma pequena e intensa família, os pais esperam que seu único filho seja como eles, quer eles admitam ou não. Eu podia parecer rebelde na escola e na faculdade com minha jaqueta de motoqueiro e botas 7/8, cantando Nine Inch Nails, cuspindo uma filosofia marxista deturpada e uma política de identidade típica dos anos noventa que me matam de vergonha hoje. Mas me formei na faculdade com um namorado que eles adoravam e uma coleção de discos de jazz que rivalizava com a do meu pai, para não falar do meu próprio escritório na NPR. Eles me incentivaram a me testar e a estar aberta sobre quem eu era, mas eu sempre achei que a verdade é que eles só queriam empurrar minha autoexploração até os limites que eles julgam aceitáveis; eu posso ser quem eu quiser ser, desde que eu faça escolhas – estéticas, éticas, políticas, religiosas – que eles aprovem.

Famílias mais numerosas são mais propensas a acomodar trajetórias e opiniões divergentes. Você pode ter atletas e nerds, skatistas e góticos, democratas e republicanos, todos batendo papo em um estacionamento depois da escola, por assim dizer, neste caso, a mesa de jantar ou a minivan. Consequentemente, uma maior tolerância emerge. Quando são só vocês três – ou, em alguns casos, dois – uma certa intolerância tende a surgir. Você pode estar inteiramente de acordo com o programa (como estava Condi, por exemplo) ou não, mas você vai incorporá-lo de qualquer maneira. Além disso, você é o único destinatário do olhar dos pais, que, como todos sabemos, pode ser fulminante. "Filhos únicos são analisados o tempo todo", diz Carl Pickhardt, discutindo como a questão da pressão para conseguir resultados se manifesta em sessões em seu consultório, levando o paciente a precisar da caixa de lenços na mesa de centro. "O que torna tudo difícil é que os pais se sentem pressionados porque é a sua primeira e última chance de fazer a coisa certa", ele me diz. "Isso é transmitido à criança, que carrega este peso adiante."

Imagine como as observações de Pickhardt ressoam em culturas onde um sobrenome significa tudo. Ou seja, culturas onde, para repetir a sabedoria de Falbo, o sucesso de uma criança, em vez da felicidade dela, é o que rege a criação. O que os pesquisadores descobriram estudando os unigênitos chineses é que não é tanto a pressão de seus pais que eles sentem, mas a sua própria. Xiaotian Feng, da Universidade de Nanjing, descobriu que filhos únicos são vinte por cento mais exigentes consigo mesmos sobre as notas da escola do que seus pais, ao comparar a pontuação de expectativas próprias contra as expectativas dos pais. Mas ele constatou também que mais pais de filhos únicos esperam que seus filhos alcancem um grau avançado de escolaridade do que pais de irmãos, e que os próprios filhos únicos têm esses planos para si. Como Tommy, de Pequim, diz: "Minha família me ama por minhas notas." Mas ele rapidamente acrescenta: "Toda a pressão vinha de mim, na verdade. Meus pais queriam que eu chegasse longe, mas não tão longe – eles estão muito orgulhosos, mas não me pressionam."

Apesar dessa pressão, Falbo descobriu que filhos únicos na China relatam menor sofrimento psicológico do que seus pares com irmãos, e elevado autoconceito tanto academicamente quanto fisicamente. A análise que Falbo e muitos outros pesquisadores têm oferecido é que os pais de filhos únicos são mais sensíveis às suas necessidades, bem como mais compreensivos. Isso tem a ver com a "relação especial" que estimula a realização, que encontramos em filhos únicos no mundo inteiro. Feng, no entanto, descobriu que ao contrário das crianças americanas, os chineses urbanos – noventa por cento dos quais são filhos únicos – tendem a ser mais neuróticos, relataram "níveis de estresse mais altos" e mostraram tendências em direção à "depressão social". "Claro, eles estudam o tempo todo e suas vidas são baseadas em notas de provas", um professor chinês me disse. "O que você espera?" Xiaogang Wu, demógrafo e sociólogo de Hong Kong, colocou desta forma: "Eles arcam com as expectativas criadas em uma única geração, aqui também." É verdade: em trinta e tantos anos esta região do mundo se transformou em um lugar onde as cidades têm diversos shoppings de luxo, as universidades não conseguem absorver todas as matrículas e todos esperam conquistar um lugar no cume de uma montanha superpovoada. "E se não conseguirem, é suicídio", diz ele. Acho que ele está sendo eufêmico.

Como muitos dos meus entrevistados na Ásia, Wu me pediu para encontrá-lo em um Costa Coffee de um shopping luxuoso de vidro e mármore com escadas rolantes e vitrines reluzentes. Nós nos sentamos para tomar nossos cappuccinos com vista para um átrio cercado de lojas Louis Vuitton e Marc Jacobs. Ele aponta para o chão sete andares abaixo de nós e diz: "Você sabe sobre o suicídio, não é?" Eu não. Ele me conta a história. Um casal teve uma discussão explosiva para decidir se seu bebê recém-nascido poderia frequentar uma escola particular dentro de poucos anos. O pai disse que não havia nenhuma maneira de a família pagar; o apartamento era muito caro, seu salário era muito baixo. A esposa gritou e implorou, lutando contra sua decisão com todos os argumentos e táticas que podia invocar. Ele terminou a conversa. Ela disse que se não pudesse matricular seu único filho em uma escola particular, ela já havia perdido –podia imaginar o futuro da criança se desdobrando como uma tragédia de fracasso e achou a visão insuportável. A mãe levou o bebê para o shopping, subiu as escadas rolantes até o último andar e atirou-se, com o bebê em seus braços, para o chão de mármore abaixo. O bebê sobreviveu. Ela não. "As pessoas aqui estão dispostas a sacrificar tudo pelos filhos", diz Wu como uma coda para esta descrição narrativa de sua declaração. "E com isso vem uma pressão insana sobre todos os envolvidos."

Será que eu devia ter contado esta história? Foi simplesmente muito chocante me sentar para aquela entrevista olhando para o chão de mármore lá embaixo. É o episódio mais extremo que ouvi na cultura que trabalha com mais pressão que encontrei. Enquanto toda essa atenção pode render resultados positivos estatisticamente irrefutáveis, ela pode ser uma faca de dois gumes. Mas acho que os pais são apenas parte da história para a maioria de nós. Na minha experiência, e pelo que captei através de entrevistas e relatos biográficos, o componente mais importante das nossas conquistas reside em nossas relações com nós mesmos. Brota da nossa solitude.

Quando criança, eu lia compulsivamente. Eu conheci a palavra "epitáfio" aos cinco anos de idade porque meus pais me disseram que o meu seria *ela só queria terminar a página*. Eu ainda desapareço pela manhã e só reapareço antes do jantar com um livro começado e terminado. Há muita coisa de que eu sinto falta desde que me tornei mãe – longas caminhadas perdida em minha própria cabeça, shows e bebidas e filmes espontâneos, ficar a noite toda conversando com amigos –, mas acima de tudo eu sinto falta da liberdade de desaparecer com frequência entre as capas de um livro. É provavelmente a atividade que me dá o mais profundo – e, certamente, o mais confiável – prazer que já conheci.

Eu amo esta passagem das memórias do também filho único Jean-Paul Sartre, *As palavras*: "Eu começo a minha vida como, sem dúvida, vou terminá-la: em meio a livros... Eu nunca cultivei o solo ou cacei ninhos. Eu não colhi ervas ou atirei pedras em pássaros. Mas os livros foram meus pássaros e ninhos, meus animais de estimação, meu celeiro e meu campo. A biblioteca era o mundo preso em um espelho." Muitas pessoas com irmãos compartilham meus sentimentos. Mas ouvi isso em tantas conversas com filhos únicos (não importando que carreira eles tenham seguido) que perdi as contas. Em *The Solitary Volcano* (O vulcão solitário) – o título não diz tudo? –, o biógrafo de Ezra Pound, John Tytell, escreve que mais do que tudo foi a solitude de Pound que "o libertou para seus próprios interesses, e ele havia tentado seriamente dominar tudo o que há para saber sobre história e arte da poesia." Mesmo aos seis anos, Pound era conhecido como "o Professor" por seus óculos, leitura obsessiva e verbosidade. "Ele era obcecado por livros", lembrou um vizinho do jovem rapaz. *Afaste-se de todas as companhias*, escreveu ele em êxtase.

Lillian Hellman foi menos arrogante, mas tão voraz quanto Pound quando menina, lendo, como escreveu, "uma revista terrível chamada *Snappy Stories* (Histórias mordazes), que eu peguei emprestada do homem do elevador, emendando com Balzac" e *Love Confessions* (Confissões de amor), que ela pegou do zelador, e depois a obra completa de Flaubert. "Livros a salvaram tanto da solidão quanto da companhia daqueles que não podia suportar", escreveu a biógrafa Deborah Martinson sobre Hellman lendo sob uma figueira, em Nova Orleans, ou enrolada na "pobreza gentil" de seu apartamento em Manhattan. Hellman não poderia se importar menos com seu histórico acadêmico. Impaciente com a escola, seu hábito era dedicado exclusivamente ao próprio arrebatamento da leitura.

Felizmente, o estereótipo da cultura pop impingido sobre nós nas telas encontra sua refutação nas páginas. É uma história verídica: estou na mesa de um médico com minha barriga de grávida lubrificada para um ultrassom. Justin e eu estamos prestes a saber o sexo do nosso possível filho único. Todos os meus amigos apostavam que seria um menino, todas as mulheres porto-riquenhas no metrô discordaram. Quando o técnico que fazia o exame anunciou "é uma menina!", a seguinte frase saltou da minha boca involuntariamente: "Eu tenho currículo para isso!" Meninas, os estudos mostram, desenvolvem coragem extra sem irmãos. (Uma das minhas frases favoritas sobre Hellman: "Dez minutos com Lillian e Joana D'Arc teria se renegado") Não só a literatura infantil tem sido efusiva em seu interesse sobre o filho único; muitas vezes o foco é na espécie do sexo feminino. Escritores reconheceram esta convicção cedo. Basta pensar no cânone de grandes livros infantis, das meninas que se juntaram a mim sob a luz da lanterna depois que meus pais pensavam que eu estava dormindo: Heidi (a autora Johanna Pyri, ela mesma mãe de um só), Harriet, a Espiã, Pippi Meialonga e minha heroína, de agora e sempre, minha querida, querida Anne de Green Gables. Eu conversei com essas meninas ficcionais tantas vezes que as páginas dos meus livros de bolso ficaram finas como o vestido de musselina de Anne.

Filhos únicos de ambos os sexos, familiarizados com a riqueza da solitude, demonstram muito mais interesse em caminhos profissionais científicos, cerebrais e de colarinho branco. "As conclusões são muito uniformes", diz John G. Claudy, do American Institutes for Research, que analisou os dados do Project TALENT. Este resultado se alinha com números similares na China, mostrando que "muito mais filhos únicos esperam estar em empregos intelectualizados" do que irmãos; o dobro de irmãos segue carreira militar ou policial em comparação a filhos únicos. Além disso, o Project TALENT descobriu que, na época do colegial, os filhos únicos preferem atividades intelectuais e artísticas, e que dependam de solidão – como leitura, música e fotografia. Irmãos tendem a preferir esportes de equipe.

James Gleick escreveu sobre Isaac Newton: "A solitude era parte essencial de sua genialidade", e apesar do abandono por seus pais e quase total isolamento quando menino, Einstein disse a seu respeito: "Sorte de Newton, infância feliz com a ciência!", tão obstinado estava ele a enxergar sentido em todos os detalhes do seu mundo físico. Filho de um agricultor analfabeto, ele passava seu tempo fazendo listas – de dias corridos, remédios; ele catalogou 2.400 substantivos por assunto – antes de começar a redefinir a matemática. Charles Lindbergh não era um gênio no nível de Newton, tendo sido expulso da Universidade de Wisconsin em seu segundo ano, reprovado em matemática, química e inglês. Mas compartilhava esse hábito compulsivo de fazer listas, e, como Newton, era um catalogador e colecionador obsessivo, acumulando pedras, pontas de flechas, moedas e selos. Mas era ao ar livre, na natureza, sozinho, onde ele mais gostava de estar, onde, como o biógrafo A. Scott Berg escreve: "Desenvolveu o que seria uma prática de conversas internas que duraria a vida inteira, uma série de perguntas que ele levantava para si mesmo."

Em estudos que focam em ordem de nascimento em vez de ausência de irmãos, filhos únicos e primogênitos são quase sempre agrupados em uma única categoria. Historicamente, o sucesso descomunal dos que nascem primeiro tem sido entendido como o resultado de ensinar seus irmãos mais jovens – o que é conhecido como "efeito de tutoria". No entanto, cada vez mais pesquisadores alegam que a vantagem do filho mais velho pode ser atribuída a seus primeiros anos de vida passados sem irmãos, vivendo em uma família com engajamento verbal e investimento parental não diluído. Mais recentemente, Steven Mellor, da Universidade Estadual da Pensilvânia, reanalisou a hipótese de tutoria em jovens entre onze e dezenove anos de idade, empregando uma série de técnicas de comparação independentes. Dentre etnia, situação socioeconômica, gênero e grau de instrução, Mellor constatou que, em cada caso, a explicação para as pontuações cognitivas mais altas, elevada autoconfiança, realização acadêmica mais marcante e ambição mais pronunciada "favorece a importância da relação pais-filhos" sobre aquela que irmãos mais velhos desenvolvem com o ensino de seus irmãos mais novos.

Mas, apesar dos rankings similares – o número desproporcional de unigênitos e primogênitos no *Who's Who* entre ganhadores do Prêmio Nobel, e assim por diante –, costuma haver uma diferença significativa entre os dois. O livro de Frank Sulloway, *Vocação rebelde*, fala que os irmãos mais novos são responsáveis pela inovação radical na história, enquanto os mais velhos tendem a levar adiante a fé de seus pais. Primogênitos geralmente seguem as crenças e padrões de seus pais, o que explica por que muitas vezes acabam em cargos de gestão; trajetórias em empresas muitas vezes fazem parte de suas histórias de sucesso. Isso explica, escreve ele, por que eles tendem a ser pensadores – e eleitores – mais conservadores e menos propensos a tentar reinventar o mundo, criativa ou intelectualmente.

Eu me pergunto, lendo o livro dele, se estou simplesmente reproduzindo as escolhas dos meus pais neste molde destinado aos primogênitos. Se minhas próprias políticas e predileções – incluindo minha opinião sobre tamanho de família – são simplesmente um eco conservador das tendências caçulas de minha mãe. Não necessariamente, ele me diz. "Esta é a maior diferença entre filhos mais velhos e filhos únicos – você é um coringa", diz ele. "Você não é influenciado pela ordem de nascimento que molda outras pessoas. Você tem mais liberdade para ser influenciado por outras forças. Você está mais livre para ser quem você quer ser." Eu não tenho dúvida que Murdoch e Hellman concordariam, e profundamente (Feng, na China, também descobriu que até mesmo irmãos bem-sucedidos, quando comparados com filhos únicos, parecem "não ter opiniões próprias muito bem-definidas").

Com essa liberdade, creio eu, vem uma noção mais aberta e flexível de realização. William Randolph Hearst horrorizou sua família ao abandonar Harvard para logo se tornar o primeiro magnata da mídia do mundo (Lincoln Steffens escreveu sobre ele: "Seu próprio talento parece ser o da vontade, e não o da mente."). John Lennon fracassou em seus O Levels (um tipo de avaliação de ensino vigente no Reino Unido até 1988, semelhante ao nosso ENEM) apesar do fato de, como Hellman, ter lido Balzac quando criança – e passou para um status maior do que o de Jesus, desafiado apenas pelo filho único Elvis. A única coisa que aparece com quase completa onipresença nas histórias de unigênitos extremamente bem-sucedidos é, como Cole Porter uma vez disse, ao falar sobre seus dias na Universidade de Yale, "o desejo de se destacar entre os melhore.".

Filhos únicos tendem a desenvolver noções excepcionalmente multifacetadas de si mesmos. A viagem de Bill Bradley para a Inglaterra quando era um jovem jogador de basquete o inspirou a ganhar uma bolsa Rhodes, e abriu-se a flexibilidade de ter sucesso tanto na quadra do Madison Square Garden quanto, posteriormente, no plenário do Senado. Brian May, depois de rodar o mundo em turnê com o Queen, revolucionar a técnica de guitarra em um instrumento que ele construiu ao lado de seu pai (e fazer a harmonia de *Under Pressure* com a paixão que só vem com a experiência), viria a se tornar astrofísico. Hedy Lamarr era a estrela da época de ouro da MGM até abandonar Hollywood para desenvolver um sistema de comunicação secreto adotado pela Marinha dos EUA, estabelecendo as bases para as tecnologias Wi-Fi e Bluetooth. "Você exige de mais partes de si mesmo", Sulloway me diz, porque não estamos nos definindo regularmente em relação a um irmão. Muitos filhos únicos aspiram desde a infância a transcender as ideias tradicionais de sucesso. Sartre expressa esse impulso em *As palavras*, quando se lembra de pensar, quando menino: "Não é suficiente para meu caráter ser bom; também deve ser profético." Suas palavras caem como uma luva na pressão das metas extraordinárias, vibrando com a liberdade para tornar-se totalmente, improvavelmente, e brilhantemente, ele mesmo.

5.

QUANDO ALGUÉM TE AMA MAIS DO QUE TUDO

Meu avô Sam costumava me contar uma piada: uma mãe deixa seu filho no ônibus que vai levá-lo para pernoitar em um acampamento. Ela chora, apertando-o contra seu peito, suplicando: "Não vá! Vou sentir sua falta! Não vou aguentar!" Finalmente, ele se arrepende e diz: "OK, mãe – eu não vou, não se te machuca tanto." Ela se afasta e cochicha para ele, entre os dentes: "*Entre naquele ônibus!*" Na minha família e, na maioria das famílias de filhos únicos que entrevistei, estamos escandalosamente inaptos a entrar naquele ônibus. Mesmo depois de uma péssima visita, cheia de tensão, mesmo quando sabemos que logo estaremos juntos de novo (sendo isso bom ou ruim), choramos ao dizer adeus, sofrendo para afastarmo-nos uns dos outros, repetindo através de um sorriso apertado e amargo a piada do meu avô, *entre naquele ônibus*.

Essa piada voltou à minha cabeça enquanto estava assistindo recentemente a um documentário chamado *The Kids Grow Up* (As crianças crescem). É a história de um pai e uma menina que é apresentada em um *tutu* cor de rosa, seu corpinho ágil, aos sete anos de idade, girando em êxtase para a câmera. "Esta futura bailarina é a minha filha, minha única filha", o cineasta Doug Block narra em *off*.

O filme retrata o cineasta se acostumando com a ideia de a única filha deixar o apartamento da família, no centro de Manhattan, um ano antes de ela atravessar o país em direção a um dormitório no Pomona College. Como Lucy, que amadureceu e se transformou numa linda adolescente de dezessete anos de idade – uma jovem Dora Maar com uma camiseta de Block Island –, diz diretamente para a câmera: "É mais difícil para você do que para mim, e não deveria ser."

O filme reúne cenas que Block gravou ao longo da infância e da adolescência de Lucy e entrevistas que ele fez regularmente com os olhos arregalados e o nariz aquilino da menina preenchendo o quadro. Durante os primeiros dez anos, o conforto e a intimidade entre os dois é inegável. Mas, aos poucos, ela começa a se afastar da lente, recua de suas perguntas, recebe a intensidade de seu olhar eletrônico com ressentimento e constrangimento. O espectador também, ansiando para que ele largue a maldita câmera e dê-lhe espaço para evoluir sem seu intrusivo testemunho. Enquanto assistia a esse filme, eu soluçava. Como eu chorava durante *Laços de Ternura* (outro filme comovente sobre uma filha única com um genitor intenso). Eu solucei como filha, chorei como mãe. Mas esta não é uma tragédia de cama de hospital, é apenas uma visão perspicaz do que significa ver seu filho ir para a faculdade.

Há centenas de milhões de filhos únicos neste mundo, todos nós diferentes. E há quase o dobro de pais de filhos únicos, também vivendo vidas totalmente exclusivas com suas circunstâncias e personalidades. Mas há uma coisa que eu aposto que todos nós temos em comum, em toda família de filho único no planeta: nossa vida emocional é amplificada. O olhar é mais intenso, o amor não é diluído (para pegar a expressão emprestada de Judith Blake). E o conflito é feroz. Esta amplificação é o lado mais afiado da faca de dois gumes que é a infância sem irmãos. Não é com solidão, egoísmo ou desajuste que nos preocupamos. É com a amplificação, a intensidade. É a razão pela qual alguns adultos que são filhos únicos me disseram que estavam totalmente empenhados em garantir que seus filhos tivessem um irmão, e a razão pela qual outros me disseram que nunca iriam ter mais de um filho.

Nós estávamos em uma parte sombria de *Onde vivem os monstros*, às vezes lendo três vezes seguidas. Quando Max cansava do tumulto, ansiando para estar "em algum lugar em que o amassem mais do que tudo", Dahlia se aninhava em mim. Eu fechava o livro, esticava sua colcha (que ela chutaria instantaneamente para fora da cama), dava-lhe um beijo e sussurrava em seu ouvido: "Eu te amo mais do que tudo." Todas as noites, durante meses, eu murmurei as mesmas palavras antes de desligar a luz. Eu nunca mencionei a Justin como eu dizia boa noite para Dahlia. Eu gostava de ter um ritual secreto com ela. Mas numa dessas, quando eu me inclinei para sussurrar as palavras em sua orelha cor-de-rosa, me dei conta: em uma casa com irmãos, um pai jamais diria a uma criança que a amava mais do que tudo.

Então eu parei. Por um tempo, pelo menos. E aí percebi que minha atenção era suficiente. Eu não precisava apagar a expressão sumariamente, embora codificar meu sentimento como um ritual talvez não fosse a melhor ideia. Então eu comecei a dizer de vez em quando, consciente das complexidades tanto da realidade do meu amor não diluído quanto da maneira de expressá-lo. E numa tranquila tarde de inverno, com canecas descombinadas de café fumegante na cozinha, eu usei as palavras de Maurice Sendak como forma de iniciar uma conversa sobre este amor com Justin, que nunca soube ser amado mais do que tudo e tem visto as maravilhas e a loucura que esse amor conferiu à minha infância e à posterior idade adulta.

"Esta é uma das coisas mais especiais sobre ter um filho único", diz ele. "Você pode devorá-la todos os dias sem ter que pensar muito sobre expressar essas coisas de forma igual a cada criança." Eu concordo, pensando em uma série de estudos que li sobre como cada pai admite ter um favorito, e como os pais e as crianças muitas vezes se emparelham com o preferido, criando divisões familiares. Então minha mente volta às suas palavras, "devorá-la", pensando sobre como eu literalmente sinto como se pudesse consumi-la, mordendo as curvas perfeitas do que eu chamo de "bumbum de brioche" enquanto ela ri entregue. Eu sei que os dias desta intimidade profundamente física com ela estão acabando. Algum dia em breve o meu carinho vai envergonhá-la, algum dia em breve vamos tomar nosso último banho divertido juntas. Eu diria que algum dia em breve vamos deixar de nos abraçar na cama e conversar, mas eu já sei muito bem aonde isso vai dar – em meus trinta e tantos anos ainda faço isso com meus pais, e encontrei essa minha confissão reproduzida em conversas com muitos outros filhos únicos (embora todas mulheres).

"Não é tão complicado na idade dela", Justin continua. "Há uma certa pureza em amar uma criança de quatro anos. Mas você e eu temos que nos preparar para o fato de que a intensidade do nosso amor vai se tornar complicada para ela." Ele se levanta para pegar mais café, sorrindo para mim, com doçura, solidário. "Muitas vezes tenho a sensação de você querer absorvê-la. Você tem esse sentimento, que eu realmente entendo, de que estar com ela nunca vai ser suficiente. Mas eu sei que você sabe como isso acaba. Precisamos aceitar que, eventualmente, isso não vai ser retribuído. Esse é o truque, eu acho, de ter um único filho. Eu sei que é um clichê – meu Deus, é uma canção do Sting, mas você tem que libertá-la. E é confuso para todos." Não admira que eu me debulhe em lágrimas sempre que penso em Lucy Block se afastando da câmera. Não é de admirar que eu sinta sua exasperação tão profundamente quanto a dor de seu pai.

Naquela noite, Dahlia estava impaciente comigo na hora de dormir. Enquanto eu a cobria, disse a ela que a amava. Ela bufou e se afastou de mim. Eu li um livro. Eu beijei a parte de trás de sua cabeça e disse: "Eu sei que você me ama, amor." "Não", ela disse com voz de desdém. Eu li outro livro para ela. Quando terminei, ela já tinha se virado e se enrolado em meu braço. Ela olhou para mim com olhos cor de mel e disse devagar e solenemente: "Eu te amo mesmo, mamãe." Ela se esticou para um beijo. O arco está completo. Este arco é levemente doloroso quando esticado por vinte minutos com uma criança de quatro anos. Eu sei que no futuro este arco vai quebrar meu coração quando for esticado por horas, depois dias e, possivelmente, até mesmo anos.

Dahlia não vai insistir para sempre em cantar Johnny Cash ou dançar como uma pequena maníaca ao som dos Pixies. Mais importante, ela vai desenvolver suas próprias definições de quem ela é e quem quer se tornar – isso sem mencionar quem ela pensa que nós somos. Sua vida vai mudar e suas expectativas a respeito dela também. Se ela continuar sendo nossa única filha, não teremos outra jovem vida evoluindo em nossa casa para comparar à dela, outros comportamentos recalcitrantes de gostos censuráveis, sistemas de crenças emergentes ou modos de comunicação. Minha própria evolução envolveu vestir roupas *vintage* reconstruídas e bater a porta com força suficiente para abalar todo o apartamento, o que rendeu pais rígidos horrorizados durante a fase negra da minha adolescência. E em todos nós ficaram as cicatrizes.

Mas ainda assim, quando estamos só nós três, eu e meus pais, dividindo uma garrafa de vinho, quando Justin está fora e Dahlia foi dormir, aquele é o meu ideal platônico de felicidade familiar, ali mesmo. Justin foi há muito incorporado à nossa equipe. Mas quando nós três estamos sozinhos – ou com Dahlia – e minha mãe e eu não estamos criando caso com cada palavra que a outra diz, pode ser a forma mais completa de contentamento que conheço, que rivaliza só com o momento em que Justin, Dahlia e eu nos emaranhamos em um "abraço de família", como ela chama. Quatro décadas de intensidade são muito para competir.

Sei que Dahlia pode acabar se encontrando distante de mim e Justin em suas preferências políticas, religiosas e estéticas. Mas eu espero que ela ainda seja capaz de pegar meu braço e dizer "eu te amo mesmo, mamãe", no final do dia. Se ela vai conseguir depende menos dela, creio eu, do que de nós darmos a ela espaço – sem julgamento – para essa profunda reflexão e experimentação.

Voltamos então para a noção da família do filho único como um estado fascista. É um aspecto inerente a ser o único cidadão sob a jurisdição da Frente Unida; o resultado inevitável de estar sempre em menor número, sempre desarmado. Mas famílias diferentes gerenciam isso de maneira diferente. Os pais de Condoleezza Rice a encorajavam a escolher o que todos iriam comer no jantar, como iriam se vestir de manhã e o que fariam nas horas que pudessem aproveitar como um trio, quando ela se afastasse do piano ou dos livros. Os Rice chegaram a elegê-la "presidente" da família. "Eu venci de forma justa", ela disse a um entrevistador. "Minha mãe e eu votamos em mim." E ainda quando a jovem Condi e suas amigas quiseram fazer um número das Supremes em um show de talentos, a presidente foi vetada: considerando sua escolha inadequada, seus pais contrataram um professor de sapateado e mandaram fazer um traje para que ela pudesse subir ao palco de uma forma que julgavam mais apropriada para sua filha (sua biógrafa escreve que o Sr. Rice, com a presença dominante de um pastor, ficou de pé ao lado do palco com os braços cruzados para se certificar de que ninguém riria de sua filha).

Famílias gerenciam autoridade e individuação de diversas maneiras, dependendo de como a relação entre os pais funciona. Uma equipe de pesquisadores da Seton Hall observou em um artigo no *Psychological Reports* que a família com um único filho muitas vezes funciona excessivamente como uma "unidade individual e indivisível", sem a individuação necessária para a criança promover a sua própria identidade. Carole Ryan, ela mesma filha única, cuja pesquisa e prática em consultório focaram na experiência de filhos únicos, publicou um artigo no *The Family Journal* com estratégias para profissionais, que, em geral, tenham dedicado "mínima atenção terapêutica a este sistema familiar específico", escreveu. Uma de suas principais sugestões para psicólogos foi identificar as características de como as fronteiras são desenhadas na família de um filho único, usando o trabalho de um terapeuta argentino chamado Salvador Minuchin, cujos estudos na década de setenta influenciaram significativamente a prática de terapia familiar. Minuchin descobriu que as fronteiras tendem a se encaixar em três categorias: "claras", permitindo que cada membro exerça sua individualidade; "rígidas", inflexíveis, empurrando as pessoas para fora da unidade familiar para desenvolverem o seu próprio sistema de apoio; e "difusas", ou seja, o oposto de rígidas, excessivamente enredadas e impedindo os membros da família de desenvolverem a sua própria autonomia e individualidade. Você pode imaginar como, no intenso triângulo da família do filho único, onde os pais compõem a maioria dos vértices, essas categorias definem radicalmente a forma como uma criança pode se desenvolver.

E elas ajudam bastante a enxergar o amplo espectro de tipos de filhos únicos. Explicam, em parte, por que FDR obedecia feliz ao programa dos pais e por que William Randolph Hearst renegou a condição de garoto rico. Explicam por que um filho único australiano disse que teve que "construir uma família fora da minha família, porque tudo o que eles faziam era julgar", enquanto um adulto filho único da Flórida admite: "Eu sempre pensei que eles haviam me dado tudo, inclusive quem eu sou – eu nunca entendi rebeldia." E, no entanto, eu sinto que minha própria família oscila entre as três categorias, com igual intensidade, de formas que definiram a mim, e o nosso trio, com a mesma força.

Famílias são constelações em três dimensões, e não simples pontos em um plano. Em lares com dois pais e um filho, o relacionamento entre os pais determina a cultura daquela casa, e a criança precisa descobrir qual papel vai desempenhar nesse relacionamento. Eu vou chamar de "casamento" para simplificar, mas eu me refiro a quaisquer pais que morem juntos, legalmente unidos ou não. Minuchin ganha o crédito pelo desenvolvimento das categorias que estou prestes a adotar, mas foi uma equipe de acadêmicos de diversas disciplinas – linguística, psicologia do adolescente, psicologia educacional – da Universidade do Texas que pesquisou como ser criado à sombra de diferentes tipos de casamentos pode moldar o filho único. O que eles descobriram é que tudo se resume a quanto a criança é escalada para o papel de mediadora na relação dos pais. Todo mundo sofre influência do casamento dos pais. Mas para aqueles de nós que são os únicos membros do que é conhecido como o "subsistema de irmãos" em uma família os efeitos são intensificados.

O casamento que conheço melhor é o "individualizado", aquele que permite tanto a autonomia quanto a conectividade. Ele permite que uma criança enxergue os pais como pessoas que resolvem seus próprios conflitos, criando em casa um ambiente para a individuação saudável e permitindo que um adolescente, como Minuchin escreveu, "saia de casa", literal e figurativamente. Eu acho que tive sorte de ser criada no âmbito desse tipo de casamento e acho que sou igualmente sortuda por ter construído um assim. O que não quer dizer que estejamos imunes ao conflito. Mas enquanto eu estava crescendo envolvida em meus próprios problemas, nunca fui chamada para participar dos problemas deles. E o relativo conforto dos meus pais com as suas próprias diferenças foi instrutivo para mim. Eles não tinham nenhuma necessidade de se perder um no outro, nem de desaparecer da frente do outro. No entanto, ser a terceira peça de um casamento feliz é um papel estranho de exercer. Quando criança, quando meus pais se abraçavam e se beijavam, eu enfiava meu pequeno corpo entre os deles. Nós todos dávamos risada. Era uma piada, mas eu deixava clara minha posição. Dahlia fica igualmente impaciente quando Justin e eu a excluímos de nossa intimidade.

Se os meus pais, ou eu e Justin, tivéssemos mais habilidade para praticar a arte do Somos Um Só, Minuchin teria considerado tal casamento "enredado". É quando os pais tendem a concordar com tudo, compartilham uma identidade conjunta e oferecem ao filho pouca liberdade para desenvolver uma visão de mundo particular. Esta é a Frente Unida em sua forma mais extrema. E se eu protestava contra o que parecia ser o fascismo familiar em minha própria casa, só posso imaginar uma vida governada por um casamento ainda mais intenso (para ser honesta, eu encontrei muito, muito poucos filhos únicos que pareciam ter sido criados em uma família assim. Aqueles com quem falei eram muitas vezes de uma segunda – ou terceira – geração de filhos únicos, criados por pais socialmente progressistas, que pareciam dedicados a incentivar a individualidade de seus filhos – o que resultou na atualização de seus próprios valores e preferências culturais por uma geração mais audaciosa e pós-punk).

Seu oposto é o casamento "desengatado"; basicamente, quando os pais estão desconectados um do outro, tornando-se tão apáticos ao relacionamento que não chegam a ter qualquer conflito sobre suas diferenças. As crianças não são expostas nem a discussões e nem a resoluções, e tendem a se afastar de suas famílias. Isso pode render uma apatia espelhada nos pais ou pode conceder a liberdade que o filho único muitas vezes não consegue encontrar em outras dinâmicas familiares, deixando-os livres para se desenvolverem por conta própria. Mas crescer em um casamento sem comprometimento não é de forma alguma simples. Muitas vezes, os pais tentam colocar o filho como seu relacionamento primário na família, devido à falta de intimidade com o cônjuge. "Meu pai tentava me fazer ser 'seu', por assim dizer", me relata um homem que foi criado sem irmãos nessa condição em um bairro nobre de Albany. "Mas quando eu tinha doze ou treze anos, fiquei mais próximo da minha mãe. Ele queria que eu praticasse esportes, e eu não poderia me importar menos, só queria ir ao cinema com a minha mãe. Foi um pesadelo. Eu ficava no meio dos dois, pois eles mal se falavam. Então eu me desliguei de tudo. E na faculdade, eu me rebelei completamente – mas não é como se eu já soubesse quem eu era antes de sair de casa, eu não tinha aprendido a lutar", diz ele, olhando para as mãos e, de repente, ficando silencioso.

A versão mais explosiva da relação desses pais é o "casamento conflituoso", marcado por pouca conexão entre dois pais altamente individualistas. Como nos casamentos "desengatados", os conflituosos são especialmente difíceis para filhos únicos, já que tendemos a ser "triangulados", como Carole Ryan define, e transformados em mediadores. Em *O drama da criança bem-dotada*, o livro seminal sobre como os pais estragam filhos talentosos, a autora Alice Miller discute como as crianças nesses triângulos desenvolvem a capacidade de atender às necessidades dos outros, mas não às suas próprias, e como são convocados a prover o amor sem ressalvas e aceitação que seus pais anseiam, mas que não têm retorno dentro de tais relações. E quando um pai sente a insatisfação com seu casamento de forma mais aguda, existe uma tendência a puxar uma criança para sua própria crise, tanto como companheiro de equipe quanto como bote salva-vidas. A dor desse papel é exatamente a razão pela qual uma mãe de três filhos era radicalmente contrária à ideia de ter apenas um. "Esse nível de responsabilidade emocional por minha mãe é algo que eu sempre carreguei. A falta de limites adequados, o enredamento emocional excessivo – tudo isso teve um efeito terrível sobre mim, e eu conheci muitos outros filhos únicos crescendo em situações semelhantes e que também sofreram muito", ela me disse. "Eu nunca vou colocar meus filhos nessa posição onde a minha própria infelicidade é responsabilidade deles. Eu sei que não é assim com todo mundo – sei que não foi assim com você. Mas para mim, isso teve muito a ver com ser filha única. E eu nunca, nunca gostaria que meus filhos passassem por isso."

Claro, mais da metade dos casamentos americanos termina em divórcio. E para filhos únicos, as chances de crescer em uma família com ambos os pais são ainda menores. Há inúmeras razões pelas quais os pais optam intencionalmente por ter apenas um filho. Mas não querer trazer outra criança a um casamento em ruínas ou simplesmente não ter um parceiro com quem dividir a criação de um segundo ou terceiro filho – estas são circunstâncias que muitas vezes limitam o tamanho da família. Muitos unigênitos permanecem sem irmãos porque seus pais se separaram antes de terem outro filho, por isso tende a haver um número desproporcional de nós em famílias monoparentais. Pais frequentemente se casam novamente, e em seu segundo casamento muitas vezes têm mais filhos, mas viver como filho único durante o divórcio e morar com pais separados é um exercício de sobrevivência, muitas vezes forçando os limites de intensidade.

Amanda não tem lembranças de seus pais juntos na mesma sala. Quando ela tinha dois anos, morando em um bairro nobre de Denver, seu pai chegou em casa um dia e anunciou que não gostava de ser marido nem pai e foi embora. Sua mãe tinha planos de ir para a faculdade, mas acabou se mudando para o Colorado para se casar com ele. Agora ela não tinha nada além de um diploma do Ensino Médio e uma filha, longe da cidade de Iowa, onde cresceu. Ela se casou novamente alguns anos depois. O padrasto de Amanda sofria de depressão crônica, abusava verbalmente de todos e não conseguia se manter em um emprego. Sua mãe se levantava às quatro horas para enrolar jornais e fazer um café da manhã quente para o marido, e então ia para o consultório de dermatologia onde trabalhava na recepção. Ela passava noites nos jogos de basquete de Amanda antes de voltar para casa a tempo de fazer o jantar. Após o enteado morrer por uma overdose, o frágil casamento não tinha mais condições de acomodar as consequências de uma tragédia tão atordoante. Sobre quando seu padrasto abandonou sua mãe, Amanda diz que sabia mais do que nunca que "teria que ser a vida dela. Ela não tinha mais ninguém. Ninguém mesmo. Ninguém além de mim", recorda. "Sinceramente, eu ainda sou a vida dela. Quase trinta anos depois, ainda sou tudo para ela."

Compulsivamente alisando seu halo de cabelos vermelhos, Amanda me diz que não consegue se lembrar de um único dia de sua infância que não tenha sido consumido pela ansiedade com sua mãe. "Passei a maior parte da minha vida tentando fazer o que eu acreditava que iria deixá-la contente ou calma. Eu não queria causar mais atrito. *Eu* tinha que cuidar *dela* – a partir do momento que consigo lembrar, eu sabia que, literalmente, era responsável por ela." Mas a mãe de Amanda insistiu para que ela fosse para a faculdade, pois não queria que a filha tivesse um destino semelhante. "Minha mãe colocou minhas coisas no dormitório no primeiro dia, desceu até o estacionamento, e apenas chorei, e chorei, e chorei", lembra. "Não conseguia parar de chorar, porque não sabia se ela ficaria bem, mas tive que esconder isso dela, o porquê de eu estar chorando. Em muitos momentos como esse, tive que me esconder da minha mãe. E não parou por aí. Por toda a minha vida adulta eu soube que a única maneira pela qual ela poderia fazer alguma coisa era através de mim." Antes de se casar, Amanda se assegurou que seu marido entendia: "É um pacote, eu e minha mãe. Casar com você não vai mudar o fato de que eu sou tudo que ela tem, e que ela sempre vai ser tudo para mim."

Na última noite de ano-novo, a mãe de Amanda foi diagnosticada com câncer. Deram a ela uma expectativa de vida de doze meses com ajuda de quimioterapia. "Eu estava nessa consulta. E eu fiquei tão desolada que a partir de certo momento só me lembro de ouvir o oncologista dizer, 'vá buscar a assistente social'". E Amanda foi a todas as consultas desde então; não há mais ninguém para levá-la para a quimioterapia todos os dias. Mesmo agora que Amanda é mãe de três filhos, sua vida ainda é primariamente dedicada a cuidar da mãe. Ela sente uma enorme culpa pelo tempo e pela energia que isso rouba de seus filhos, tempo e energia que ela acha que a mãe nunca tiraria dela. E se preocupa que a intensidade emocional e cronológica de seu comprometimento com a mãe nunca diminua, mesmo após a morte dela. Amanda tira seus óculos com armação de cobre e enxuga as lágrimas. "Eu não consigo nem imaginar voltar para uma vida normal – toda a minha vida sempre foi esta urgência. Eu choro o tempo inteiro. E eu sei que ficarei triste todos os dias pelo resto da minha vida."

Eu acho a história de Amanda extraordinariamente comovente, mas os elementos de sua luta não são realmente tão incomuns. É bem usual que filhos únicos cuidem de seus pais quando a família se encontra abalada, justamente quando eles mais precisam dos pais para cuidar deles. Como a psiquiatra Margaret Schilbuk escreveu em um artigo publicado no *American Journal of Orthopsychiatry*, os pais às vezes "abdicam do papel parental" ou usam o filho como parceiro para resolver sua própria "simbiose parental discordante", e isso muitas vezes acontece, ela diz, quando eles têm apenas um filho. Este é especialmente o caso "quando uma mãe sozinha representa um subsistema parental", e é o pior se a mãe ainda se enxerga como uma adolescente quando seu filho chega à adolescência, diz ela, partindo da experiência de sua própria prática. Uma coisa é não chegar à autonomia psicológica, mas muitos filhos únicos de famílias divorciadas me contaram ser o lastro da autonomia cotidiana de suas mães também. Sem dúvida, isso acontece da mesma forma com os pais, mas as histórias que ouvi foram, com uma única exceção, sobre mães.

Dois filhos únicos já adultos que conheci me contaram que ensinaram as mães a dirigir depois de seus pais irem embora. "Foi realmente traumático, bizarro, ser a mãe da minha própria mãe aos dezessete anos de idade", uma delas me disse. "Eu nunca vou ensinar ninguém a dirigir novamente – nem mesmo os meus filhos. Foi o momento em que eu percebi o quanto tudo estava intensamente disfuncional. Eu ainda penso sobre isso com mais frequência do que gostaria, vinte anos depois." Muitos outros me falaram sobre assumir o papel de um dos cônjuges quando sua família de três pessoas passou a ter duas; este é particularmente o caso de filhos homens serem alçados ao papel de maridos após uma separação. "Até hoje", vinte anos depois, "minha mãe não namora", um filho único de mãe solteira me contou. "Eu não sei se é porque ela tinha a mim como companhia para se vestir e sair para restaurantes de luxo, apenas nós dois. Era como um encontro a cada semana, mas com a minha mãe e seu filho pequeno. Eu pedia patas de caranguejo." Este fenômeno de sair com o filho é inerentemente específico para a dinâmica de filho único e pais solteiros.

Um artigo de uma equipe de psicólogos no *Journal of Child Psychology and Psychiatry* apresentou dados que validam o que a maioria de nós já presume, que uma relação positiva entre irmãos é um escudo protetor contra o conflito conjugal e a dissolução de um casamento. E, de forma comovente, foi descoberto que o poderoso "efeito do afeto fraterno", em uma crise familiar, pode substituir até mesmo o efeito do relacionamento mãe-filho. Assim como esse vínculo é importante para se apoiar em horas difíceis, ele faz igual falta em tais circunstâncias. Como Carl Pickhardt me disse, o divórcio tende a ser ainda mais duro para filhos únicos porque eles são consistentemente mais "sensíveis à dor de seus pais, o que torna o processo infinitamente mais difícil". Irmãos que sobreviveram a um divórcio juntos geralmente dizem que jamais vão parar no primeiro filho, temendo privá-lo de um companheiro de equipe quando as coisas desmoronarem. A maioria dos unigênitos entrevistados que suportaram sozinhos uma situação parecida tendem a considerá-la nada menos do que um trauma prolongado. Como uma mulher, cuja infância sem irmãos foi passada em um vaivém por fronteiras estaduais, como um peão no interminável conflito de seus pais, define em termos particularmente amargos: "Me condenar a passar por isso sem uma irmã ou irmão foi nada menos do que abuso de menores."

E, no entanto, um estudo realizado por Denise Polit complica essa narrativa. Em entrevistas intensivas com perguntas abertas com mais de cem mulheres divorciadas com diferentes números de filhos, Polit testou a hipótese de o divórcio ser mais duro para crianças sem irmãos. O que ela concluiu é que tal "sentença" pode na realidade ter sido uma bênção. Primeiro, o estudo quantitativo: Polit descobriu, pelos números, que os filhos únicos, na verdade, pareceram ter lidado melhor com a dor do divórcio. Com base nos relatos das mães, trinta e cinco por cento das crianças em famílias de dois filhos continuavam manifestando sinais de raiva ou angústia por causa do divórcio algum tempo depois, enquanto apenas quatro por cento das crianças sem irmãos fizeram o mesmo. Crianças em famílias de dois filhos eram significativamente mais propensas do que filhos únicos a ser muito tímidas tanto com crianças quanto com adultos, a preferir a solidão a situações sociais no rescaldo de uma separação e a ter problemas para iniciar e manter amizades. Mães de irmãos raramente disseram que eles tinham realmente se ajudado em questões emocionais no período pós-divórcio. "A rivalidade entre irmãos e a competição pela atenção da mãe após o divórcio muitas vezes prejudicava o potencial de apoio mútuo", ela descobriu, contrariando a crença popular, e "exacerbava sentimentos de insegurança decorrentes da partida do pai". Além disso, os filhos únicos nestes estudos foram classificados como mais autônomos, maduros e empáticos para suas idades.

Mas o estudo tem um lado qualitativo também: Polit não só realizou pesquisas, mas também entrevistou as pessoas estudadas. As entrevistas com as mães de filhos únicos, escreve ela, "foram permeadas pelo senso de força, autoconfiança e otimismo que elas têm", e, de todas as mulheres entrevistadas, foram "as mais introspectivas, com mais planos e em maior contato com as suas necessidades". Elas eram normalmente dedicadas à carreira, mais independentes financeiramente e, na maioria das vezes, a pessoa a decidir ir embora quando o casamento tornava-se insuportável. Mães de mais de uma criança raramente eram as que tomavam esta iniciativa, ela descobriu. Além disso, essas mães eram mais propensas a entrar em uma nova e saudável relação. "Em suma", escreve ela, "essas mulheres haviam se ajustado bem a seus novos papéis de mãe solteira e, portanto, davam a seus filhos um exemplo eficaz de como lidar com a perda de um importante membro da família".

As mulheres que participaram da pesquisa de Polit eram comparáveis a mães divorciadas em outra pesquisa ("de forma alguma entrevistamos apenas pessoas bem-sucedidas nessa adaptação", diz ela.) E, embora eu certamente já tenha ouvido falar sobre mães como a de Amanda, tem havido muito mais histórias sobre mulheres semelhantes às do estudo de Polit, mesmo que em retrospecto, anos após o mais intenso período pós-divórcio. "Minha mãe era incrível, ela me ensinou a lidar com tudo", um filho me diz. "Ei, ela é uma sobrevivente – uma forte mulher negra, e é por causa dela que sou uma também", diz uma filha. "Nós éramos um time, mas ela sempre foi a minha mãe, e ela nunca me fez sentir como se ela não estivesse no controle de sua vida ou suas escolhas – nem por um segundo", eu ouvi de uma outra, que veio a se tornar uma poderosa militante pelos direitos das mulheres. "Ela tornou tudo possível para si mesma, contra todas as probabilidades, e fez o mesmo para mim." Eles descrevem relacionamentos intensos, como qualquer outra pessoa, mas que modelaram filhos autossuficientes.

Quer os pais sejam solteiros ou um casal, muitos de nós desfrutamos de um lado mais calmo dessa intensidade também; uma intimidade silenciosa. Lembro-me de, quando criança, abrir com cuidado a porta do quarto dos meus pais, feixes de luz da manhã passando pelas persianas deixando o quarto suavemente iluminado. Eu andava na ponta dos pés até o lado da cama onde minha mãe dormia, e rastejava para debaixo do edredom flanelado de estampa paisley. Silenciosamente, eu colocava minha cabeça ao lado dela e tentava sincronizar nossa respiração. Agora eu fico acordada em muitas manhãs, aguardando Dahlia gritar "mamãe" antes de entrar em seu quarto e colocar minha cabeça sobre seu travesseiro. Ela encaixa seu corpo no meu e agarra meu cotovelo. E, no casulo escuro de seu quartinho, sinto que ela tenta sincronizar a respiração com a minha.

6.

SALVA-TE A TI MESMO

Eu estava navegando em um site de anúncios, à procura de um carrinho de mão usado, quando cliquei despretensiosamente na seção de troca de apartamentos nas férias. Lá estava ele: um loft em um sótão próximo ao Canal St. Martin, a poucos quarteirões de onde havíamos passado nossa lua de mel por uma semana em um apartamento emprestado. Conhecíamos a *boulangerie* requintada naquele mesmo quarteirão. O casal – dois homens, um trompetista e um médico que trabalhava em uma prisão – estava procurando um lugar no Brooklyn por uma semana. Tínhamos milhas. Queríamos viajar. Dissemos sim. Alguns amigos alfinetaram que seria muito difícil com Dahlia ("subir seis andares sem elevador? Vocês estão loucos?"). Outros reviraram os olhos para disfarçar a inveja. É verdade que foi um desafio, todos os lances de escadas, a frescura e os chiliques na hora do almoço, o esforço incansável para manter todos aqueles cacarecos empoeirados fora da boca dela (para não mencionar a coleção de lubrificantes ao lado da cama que tivemos que esconder). Mas nós consideramos isso um preço baixo pelos dias vendo Dahlia brincando com crianças francesas em playgrounds, maravilhando-se com os museus e saboreando sorvete de caramelo no Berthillon.

Da segunda vez que Dahlia foi a Paris, meus pais tinham alugado um apartamento, fazendo jus a uma promessa que fizeram um ao outro ao longo da vida de passar um mês lá depois de se aposentarem (na realidade, eles só cumpriram a parte de Paris do acordo, já que nenhum deles achou que valia a pena largar o hábito de trabalhar, já que ele proporciona, bem, um aluguel no Marais). Dahlia estava com gastroenterite quando embarcamos e vomitou, sentada no meu colo, durante toda aquela noite escura cruzando o Atlântico. Seu vômito continuou enquanto rodávamos a cidade em uma van – com uma dezena de passageiros silenciosos – no caminho para o apartamento. No dia seguinte, com bochechas cor-de-rosa e pedindo patê no almoço, ela apontou para uma fonte com uma estátua jorrando água pela boca e disse: "Essa era eu no avião." Foi quando eu ensinei à minha filha a frase "engraçado porque é verdade".

Nessa viagem eu conheci uma mulher chamada Michelle em um café na sombra do Pompidou, uma ex-programadora de computadores com um vestido batik sem mangas e joias africanas. O filho de Michelle, Pierre, agora na faculdade, ia para a escola naquela esquina, onde a maioria de seus colegas de classe eram filhos únicos como ele. "Quando Pierre tinha dois anos, passei um ano pensando sobre isso, se queria ter outro", disse Michelle, mexendo seu café com creme. "Agora podemos escolher – então se torna um problema, já que você tem que decidir, certo? Eu decidi que não era possível para mim. Era importante para mim viajar e tirar fotos. Eu trabalhava, eu era mãe, eu não tinha tempo. Eu me sentia uma prisioneira. Uma prisioneira feliz, mas ainda assim uma prisioneira."

Apesar desse sentimento, Michelle se perguntava se ela deveria ter um segundo, no caso de algo trágico acontecer com Pierre – um impulso que eu ouvi muitos pais admitirem. Ela até discutiu isso com uma amiga, mãe de quatro filhos, cujo mais velho quase morreu em um acidente. Sua amiga achou que ela era louca. O marido de Michelle queria outro, mas era passivo a respeito. Então, ela se livrou dessa ansiedade. "Eu consegui fazer o que queria fazer", diz ela. "Eu vivi a vida que eu queria em meus trinta, meus quarenta, meus cinquenta anos – são vidas diferentes, com desejos diferentes, que você nunca percebe quando é jovem. Eu trabalhava, eu tinha um marido, eu tinha um filho. Viajávamos juntos. Eu tirava fotos. E Francis e eu ainda estamos juntos, uma coisa muito rara entre as pessoas que eu conheço. Você aprende mais e mais que as mulheres não fazem exatamente o que querem. Você tem que ser egoísta. E é difícil."

Um estudo de 2007 do Centro de Pesquisas Pew descobriu que, para cada três pessoas que acreditam que o principal objetivo do casamento é a "felicidade mútua e a satisfação" dos adultos, apenas uma acha que é a "criação e educação dos filhos". Pew também constatou que apenas quarenta e um por cento dos adultos de hoje veem a paternidade como muito importante para um casamento bem-sucedido, uma queda a partir do índice de 1990, de sessenta e dois por cento. Na pior das hipóteses, pode até ser um prejuízo para o relacionamento. Linda Waite, da Universidade de Chicago, cuja pesquisa se concentra em como fazer casamentos durarem, me disse: "É melhor você ignorar seus filhos e se concentrar em seu relacionamento do que se concentrar em seus filhos e ignorar seu relacionamento", o que ela diz que poucas pessoas têm coragem de fazer. Em vez disso, diz ela, fazemos o oposto. "*Crianças, crianças, crianças*. É assim que nos esquecemos de nossas próprias necessidades, tudo que importa são elas. E ninguém é feliz assim."

O que minha mãe precisava para ser uma pessoa feliz não é o que todas as mães precisam. Ela precisava sentir que estava fazendo uma contribuição significativa através de seu emprego, e não apenas de sua família, trabalhando por mais do que o salário. Ela precisava viver em um lugar onde ela pudesse andar alguns quarteirões para comprar um biscoito realmente gostoso quanto ficasse com desejo depois do jantar. Ela precisava viajar, manter seu casamento tão significativo quanto a maternidade, ir ao supermercado e pegar a roupa na lavanderia sem ser superada em número por seus filhos, plural, que estariam brigando entre as prateleiras de produtos. Lembro os trâmites sem outra criança para me ajudar a provar que alfarroba não era o mesmo que chocolate. Eu não tinha quintal para brincar. Eu era uma criança feliz? Claro. Ela era uma mãe feliz? Acho que sim.

Dahlia não foi para a escola, está doente em casa. Ela está dançando vestindo um *tutu* do meu recital da segunda série, os babados laranja, rosa e verdes agora redescobertos e enfiados por cima do seu pijama de macacos. Por insistência dela (e para a minha satisfação), eu também estou usando um *tutu* – uma saia de cancã que guardei da época do colegial, vestida por cima da minha calça jeans. Ela gira e salta por entre as portas de correr para dentro do nosso quarto. Isso foi o que imaginei quando vi pela primeira vez a nossa casa, que estas portas seriam a entrada de palco perfeita para performances na sala. Nós giramos juntas e mexemos as mãos como os ratos do vídeo do *Quebra-Nozes* do Baryshnikov que é sua obsessão de longa data. Digo a mim mesma para me lembrar disso. Então eu olho para o relógio, lembro que o dia de trabalho está em pleno andamento e vou verificar meu e-mail.

Vejo a mensagem de um demógrafo; se posso ligar para ele agora, que está livre para uma entrevista. Eu berro lá para baixo para Justin abandonar a papelada que o ocupa em prol da próxima performance dos camundongos do *Quebra-Nozes*, depois corro para o meu escritório segurando minha saia de babados. Eu telefono para Philip Morgan em seu escritório na Universidade Duke, ansiosa para ouvir sua análise do estudo recente que conduziu sobre nossas noções culturais a respeito do tamanho de família ideal. Ele analisa um bando de números que se juntam à sua conclusão de que ninguém quer apenas um filho, em nenhum lugar, nem mesmo na Europa, onde as taxas de fertilidade caíram. Morgan é clínico e abrupto, voltando para os números sempre que tento falar sobre nossos preconceitos culturais, nossa política, o que vemos na TV. Eu explico para ele que eu sou filha única de propósito, e que a criança dançando de *tutu* na minha casa pode muito bem ser uma também.

"Olha, sem querer ofender sua mãe ou você", diz ele, "mas eu tive três filhos e estou contente que eles tenham irmãos. Uma das coisas mais agradáveis que eu fiz como pai foi assistir a meus filhos interagirem uns com os outros, convivendo, vendo-os como adultos que interagem". Fico em silêncio. Ele continua: "Eu não consigo imaginar ter apenas um filho. Como teria sido? Suas relações uns com os outros têm sido a maior alegria da minha vida." Eu entendo. Mesmo. Tudo o que faço é ver os filhos – plural – de nossos amigos brincando juntos, cuidando uns dos outros, partilhando uma língua secreta. Tudo o que faço é assistir à alegria e à ternura de Dahlia quando ela segura os irmãos e irmãs daqueles bebês. Justin vê o mesmo, e ele sabe o que ela está perdendo. Mas ele me lembra constantemente de como os sacrifícios que nós precisaríamos fazer para criar outra criança teriam impacto na felicidade de Dahlia – sem mencionar na nossa.

Robin Simon, da Universidade Wake Forest, pesquisou o bem-estar de treze mil respondentes e, em uma edição de 2005 do *Journal of Health and Social Behavior*, publicou sua descoberta: o número de adultos que sofrem de depressão e infelicidade é maior naqueles com filhos do que nos sem filhos que têm a mesma doença. Isso é independente de classe, raça ou gênero. Simon entende esse fenômeno como uma combinação cruel de isolamento social, falta de apoio exterior e a ansiedade pela chuva de bênçãos que virá com o nascimento de uma criança. "Nossa expectativa é de que os filhos vão garantir uma vida cheia de felicidade, alegria, excitação, contentamento, satisfação e orgulho – são uma fonte de estresse adicional, embora escondida, para todos os pais", ela escreve na revista *Contexts*, acrescentando: "Emoções negativas podem também levar pais de crianças de todas as idades, especialmente as mães, a perceberem-se como inadequados uma vez que seus sentimentos não são consistentes com o nosso ideal cultural." É isso aí, irmã.

Eu acho que a paternidade oferece uma recompensa incalculável de felicidade, alegria, excitação, contentamento, satisfação e orgulho

– mas não o tempo todo. Cada criança é uma fonte adicional de orgulho, claro, mas também uma infração adicional à liberdade, à privacidade e à paciência. Eu consigo entender por que Jean Twenge, em um estudo sobre paternidade e satisfação conjugal, constatou que a felicidade em um casamento cai a cada novo filho. Fora da satisfação conjugal, esta regra continua valendo, e não apenas nos Estados Unidos. O demógrafo Mikko Myrskylä descobriu que em algumas regiões, como o sul da Europa, a felicidade também era significativamente maior entre pais com apenas um filho. Em uma conferência demográfica que participei, Myrskylä me contou sobre o imenso prazer que tem com seus dois filhos – embora ele seja conhecido por passar mais horas trabalhando nos dias de hoje, já que, segundo ele, "parece que estou de férias" depois de estar em casa.

Naquela conferência, uma jovem pesquisadora chamada Anna Baranovska apresentou um documento que constata que uma criança pode maximizar a felicidade pessoal. O primeiro filho tende a dar um pico de felicidade em um pai, ela declarou, enquanto cada criança subsequente a faz diminuir. Na verdade, cientistas sociais têm especulado desde os anos setenta que unigênitos oferecem a rica experiência da paternidade sem os cansativos esforços que vários filhos acrescentam: todos os milagres e moicanos de shampoo, mas com energia de sobra para sexo e conversa. A pesquisa de Hans-Peter Kohler, um sociólogo populacional da Universidade da Pensilvânia, dá peso a essa ideia. Em sua muito discutida análise de uma pesquisa com trinta e cinco mil gêmeos dinamarqueses, as mulheres com um filho disseram estar mais satisfeitas com suas vidas do que as mulheres com nenhum ou mais de um. Como Kohler me disse: "Pelo valor nominal, você deve parar no primeiro filho para maximizar o seu bem-estar subjetivo."

No entanto, a esposa de Kohler estava grávida de seu terceiro filho quando ele realizou seu estudo, e ele diz que sua família está muito feliz. É claro que tudo depende do que constrói seu bem-estar subjetivo. Isso é, bem, subjetivo. Quando o professor de demografia da Universidade de Pensilvânia Samuel Preston estava conduzindo uma pesquisa para ajudá-lo a prever o futuro da fertilidade, ele me contou que a descoberta que mais o surpreendeu foi que os pais ficavam tão loucamente apaixonados por seu primeiro filho que queriam um segundo. Eu não sou alguém que passou minhas três primeiras décadas imaginando uma gravidez brilhante seguida de plena felicidade materna. Na verdade, eu suspeitava que as mães que falavam sobre seus filhos com essa admiração desenfreada não tinham muitas outras coisas acontecendo em suas vidas. Então eu tive a minha filha. Agora eu saco o meu iPhone para mostrar fotos como todas elas.

Eu não acredito que a pesquisa de Kohler vá me dizer como ser feliz mais do que disse a ele. E eu não acho que Philip Morgan deveria estar nada menos do que feliz com seus três meninos mais do que eu acho que Hillary Clinton deveria estar assando biscoitos na Casa Branca – ou dando um irmão a Chelsea – quando seu bem-estar subjetivo dependia de tantos fatores exteriores ao ambiente doméstico. Nós não podemos fazer muito mais do que nos conhecermos.

Para pensar em bem-estar em termos mais amplos, embora Robin Simon tenha descoberto que pessoas com filhos relatam níveis mais elevados de depressão do que aquelas sem, ela acrescenta, "os pais atribuem mais propósito e significado à vida do que os adultos que nunca tiveram filhos". Será a felicidade o resultado de encontrar propósito e significado? Será a ausência de depressão? Eu arriscaria dizer que tem muito a ver com ter a liberdade de viver a vida que você quer viver, não importando se isso significa ter cinco filhos, ou um, ou nenhum. Para ampliar ainda mais o conceito, Mikko Myrskylä descobriu que, quanto mais baixa a fertilidade da sociedade, mais felizes são aqueles que têm filhos em comparação com aqueles que não. Em um estudo para o Instituto Max Planck de Pesquisa Demográfica, ele ofereceu a seguinte análise: em culturas de fertilidade mais baixa, as pessoas que mais querem ter um filho têm – e eles só têm quantos quiserem –, enquanto que em sociedades de maior fertilidade "a pressão social força um grupo menos seleto de pessoas a ter filhos". Em outras palavras, quando as pessoas podem fazer escolhas com base em seus próprios desejos, e não no que o mundo está dizendo para elas fazerem, o bem-estar de toda uma sociedade flutua um pouco mais alto.

"E qual é a grande maravilha do trabalho? O seu trabalho não vai te fazer uma visita quando estiver velha. O trabalho não vai te levar para fazer uma mamografia e depois sair para tomar sopa com você. Além do mais, e se ela se virar contra mim? É difícil gostar de mim. Preciso de reforços." Assim escreve Tina Fey no capítulo final de seu livro *A poderosa chefona*, intitulado "O que devo fazer com meus últimos cinco minutos?" O capítulo é sobre, como ela diz, como "meus últimos cinco minutos de fama estão alinhados simultaneamente com os meus últimos cinco minutos de poder ter um (segundo) filho". Depois de entregar a versão final a seu editor, Fey optou por reproduzir de novo, mas não antes de nos fornecer um raro vislumbre do monólogo interior da ambivalência da fertilidade. É mais ou menos assim, ela escreve: "Eu deveria? Não. Eu quero. Eu não posso. Tenho que? Claro que não. Eu deveria tentar imediatamente."

São esses "últimos cinco minutos" que são a chave da questão. Conforme as pessoas adiam cada vez mais ter filhos – procurando o relacionamento certo, um trabalho satisfatório, um sentido de prontidão, nenhum dos quais é garantido de encontrar –, a relativa liberdade da vida adulta pré-paternidade contrasta ainda mais loucamente com o que Justin e eu chamamos o "novo normal" da vida sob o bloqueio de uma criança. Costumávamos brincar sobre como seria bom se pudéssemos arranjar um desses alimentadores de gato com um temporizador e preenchê-lo com compota de maçã, ou encontrar um monitor de bebê com um alcance que se estendesse até o bar mais próximo. Ele e eu temos a sorte de compartilhar um senso de humor sobre a paternidade tanto quanto um desejo de não nos esticarmos até virarmos uma membrana frágil apenas para fornecer um irmão para Dahlia. Nem todo casal está tão alinhado nestas escolhas, mesmo elas sendo dúbias.

A prática de fazer uma vida mútua cheia de aventura e aconchego doméstico tem nos unido ao longo de todos esses anos. Sabemos como a paternidade inevitavelmente altera o equilíbrio dessa equação, e nós sentimos isso de forma aguda – muitas vezes com prazer – depois de termos passado anos pendendo para outra direção. Jean Twenge acredita que a perda súbita e permanente do controle sobre a própria vida, depois de tê-lo na mão por tantos anos, destaca o aumento na insatisfação com a paternidade. "Tem tudo a ver com a fertilidade adiada", Twenge me diz. "Você teve todo aquele tempo para viver a sua vida; você sabe o que está perdendo. Quando você viajou o mundo ou esteve em salas de reuniões, ou mesmo só teve um emprego regular com a liberdade para almoçar quando quisesse – é um choque agudo, e muitas pessoas nunca superam."

Tendo esperado até meus trinta e poucos anos para ter um filho, sei bem disso. Para falar a verdade, a maternidade não me curou magicamente da vontade de ir a festas e shows de rock. Mas Twenge diz que a mesma cultura que está insistindo para temos mais bebês também está com um discurso dúbio e louco. "Você tem que ser capaz de ter tudo – todos os filhos, toda a liberdade e nenhum compromisso", diz ela. "Por exemplo, quando falo com as pessoas sobre a realidade" – a realidade é que você não pode dedicar toda a sua vida a uma carreira, bem como à paternidade, bem como ao lazer; você tem que abrir mão de alguma coisa –, "eles dizem: 'Você está dizendo para desistirmos de nossos sonhos, você quer que a gente assente.' As pessoas falam: 'Eu nunca vou fazer concessões' – essa é a essência do problema."

Eu nem lembro quantas conversas tive em que as pessoas me disseram que não "escolheram" ter um filho único, embora tenham optado por tentar engravidar pela primeira vez após o quadragésimo aniversário. Atrasar a própria fertilidade geralmente significa fazer a opção de ter menos filhos. Sou a favor da atualização. Sou a favor da realização das mulheres no mercado de trabalho. Sou a favor de compartilhar esta loucura com o parceiro certo. Sou a favor de esperar até que você ache que é a hora certa. Mas na maioria dos casos, se você ainda não tentou ter um segundo filho antes de seu corpo atingir o limite de tempo, essa é uma escolha que você fez. Uma escolha difícil, e sobre a qual você pode sentir algo semelhante a arrependimento. Mas as escolhas na vida tendem a ser feitas sequencialmente, esta tanto quanto qualquer outra.

Enquanto os pais de filhos únicos forem marcados como "egoístas", as pessoas vão ter motivo para agir na defensiva e dizer que não foi uma escolha que fizeram. Se pudéssemos erradicar o estigma social que teimosamente se agarra aos pais de filhos únicos, esta atitude defensiva desapareceria também. Assim como os comportamentos ansiosos que ele produz. Carol Graham, que pesquisa felicidade e família no Instituto Brookings, me revela: "Quanto mais as pessoas adiam a fertilidade, com mais sede ao pote elas vão. Elas têm que fazer de tudo para seus filhos." Culpa, ela lembra, é um poderoso motor. E, ao mesmo tempo, quanto mais longe chegamos em nossas carreiras, mais difícil é para depositarmos nossas energias em outro lugar. Não é de admirar que o psicólogo Mathew White, da Universidade de Plymouth, tenha encontrado níveis mais elevados de sintomas depressivos entre as mulheres que sentem que sacrificaram seu trabalho por sua família.

Tudo isso gera um novo nível de angústia, especialmente dentro do grupo demográfico que mais atrasa a fertilidade e está mais ambicioso do que nunca: as mulheres brancas americanas. Eles estão muito mais frustradas do que suas mães, de acordo com Andrew Oswald, economista que estuda a felicidade na Universidade de Warwick. "Cobra-se das mulheres americanas de alta escolaridade que elas façam tudo – que tenham todas as virtudes e realizações de suas avós ao mesmo tempo em que são editoras de revistas de moda ou administram suas bem-sucedidas empresas de publicidade", ele me diz (minha mente sugere o canto de *Sociedade dos Poetas Mortos*: Tenho que fazer mais, tenho que ser mais). Nossas expectativas para o sucesso e a felicidade se tornaram tão exageradas que "chegaram ao nível de uma ilusão", Twenge acrescenta.

Realizações cotidianas são insuficientes; almejamos conquistas dignas da lista das quinhentas maiores companhias do ano da revista *Fortune*. E na nossa "busca pela felicidade", talvez o maior slogan de marketing já criado, escrito direto em nossa Declaração de Independência, até mesmo a felicidade não é suficiente, queremos euforia. Qualquer coisa menor é um meio-termo, o que é um anátema, especialmente para os americanos. "Esta falta de vontade de chegar a um consenso está embutida em nosso individualismo", diz Twenge. Oswald, que é inglês, diz que só porque outros países não são tão única e exclusivamente triunfalistas como somos, isso não significa que as mulheres europeias tenham encontrado o segredo para a felicidade. Elas estão cada vez mais deprimidas, ele ressalta, apenas não nas grandes porções americanas de infelicidade. "Estamos todos no mesmo barco na sociedade ocidental", diz ele.

Quando pergunto a Oswald sobre o estudo de Kohler que sugere que parar no primeiro filho pode fornecer uma cura para um pouco dessa angústia, ele diz que faz sentido para ele, mas que esta não foi a escolha que teve junto com sua esposa. Clinicamente, estatisticamente, ele diz que não há nada além de estímulo a filhos únicos como uma maneira de equilibrar os prazeres profundos da paternidade com algo que pareça uma vida adulta livre. "Ninguém vai dizer o contrário", ele me diz. Mas quem faz escolhas de fertilidade com base em estatísticas? Como A.W. Bassu observou na *Population and Development Review*, demógrafos "exageraram na racionalidade em detrimento das emoções". Em vez disso, nós ficamos acordados à noite pensando, como Tina Fey: "Eu quero outro bebê? Ou só quero voltar no tempo e ter minha filha bebê de novo?" Eu penso isso muitas vezes. Muitas pessoas que entrevistei admitem o mesmo.

Ansiamos pela paternidade, depois a repensamos, ansiamos por mais trabalho, por menos trabalho, por mais prazer e, bem, nunca por menos prazer. Como uma mãe chamada Diana refletiu quando nos conhecemos em um bar em Berlim: "Quando é que o desejo por mais para? Ele nunca para. Não para com um marido. Não para com um trabalho melhor. Não para com mais dinheiro. Não para com um segundo filho. Assim é a vida." Ela fez uma pausa para tomar um gole de cerveja escura e balançou a cabeça. "Eu tenho que repensar minhas noções de realização. Todos nós. Assim, poderemos ser mais fiéis a nós mesmos." Como Joan Didion, que por acaso era mãe de um filho único, escreveu em uma das grandes defesas do egoísmo como emancipação dos padrões de outras pessoas: "Libertar-nos das expectativas dos outros, voltarmos a nós mesmos – aí reside a grande e singular força do autorrespeito."

Em uma recente reunião de famílias de filhos únicos em Nova Jersey, a questão do egoísmo veio à tona. Todas as mulheres à mesa – algumas das quais saídas de tratamentos caros e debilitantes para engravidar novamente – contaram ser acusadas de egoísmo por parte de familiares e estranhos por não ter um segundo filho. Nem mesmo um único homem podia contar uma história equivalente. Um deles, um vendedor que usava uma camisa social cor-de-rosa e gravata, disse sorrindo com sua própria consciência: "Por que alguém diria algo para mim? Eu sou o pai." As mães são as únicas que enfrentam a acusação. Tanto pais quanto mães pagam caro pelo milagre da reprodução, mas na maioria dos casos são as mulheres que desembolsam a maior parte desses custos.

Na manhã seguinte ao jantar de Nova Jersey, o Census Bureau (agência governamental encarregada pelo censo nos Estados Unidos) divulgou um relatório sobre quem cuida de nossos filhos. Suzanne Bianchi, que bateu ponto por dezesseis anos como demógrafa do Censo, descobriu, surpreendentemente, que as mães passam *mais* tempo cuidando de uma criança hoje do que em 1965, na época em que sessenta por cento delas ficavam em casa em tempo integral. Em seu livro *Changing Rhythms of American Family Life* (Os ritmos variáveis da vida familiar americana), Bianchi relata que as mães casadas dedicam cerca de treze horas por semana ao cuidado com as crianças, mais do que as cerca de dez horas e meia de quase meio século atrás. Além disso, ela escreve, as mulheres ainda fazem o dobro de trabalho doméstico que os homens.

A divisão familiar de limpar, cozinhar, dar banho, brincar, disciplinar, ler histórias e assim por diante é uma área excepcionalmente bem estudada. Pesquisas foram realizadas em quase todos os grupos demográficos, estatísticas recolhidas e analisadas, trabalhos apresentados. E, no entanto, os resultados são consideravelmente semelhantes. Um estudo mostra que os pais são responsáveis por vinte e oito por cento dos cuidados ativos. Outro declara que as mães fornecem mais de dois terços da atenção às crianças com menos de doze anos. Um terceiro afirma que, quando ambos os pais trabalham cinquenta e duas horas semanais, as mulheres dedicam trinta e três horas adicionais por semana para trabalho doméstico e os homens gastam apenas vinte horas lavando louça e supervisionando a lição de casa. Isso é apenas nos EUA, que nem sequer entram no top 30 de um estudo que classificou 134 países por paridade de gênero. É pior na França, onde as mulheres fazem oitenta e nove por cento do trabalho doméstico e dos cuidados infantis (quem tem tempo para ficar gorda em uma esteira assim?). Nem uma única pesquisa contradiz a constatação de que mesmo quando as mulheres aumentam suas horas de trabalho nunca diminuem o tempo que passam limpando e cuidando de seus filhos. "Elas parecem fazer *mais* tarefas domésticas, como se para compensar seu afastamento das normas tradicionais de gênero", escreve a economista Nancy Folbre. Não é de admirar que Mikko Myrskylä, em seu artigo de 2011 pelo Instituto Max Planck sobre felicidade global e fertilidade, tenha constatado que "mulheres experimentam maior estresse e choques negativos mais fortes em seu bem-estar" do que homens depois de ter filhos. E assim como nada disso é bom para as mulheres, nada disso é bom para a força de trabalho.

Tomando *doppelmokkas* no Café Sperl de Viena, a sueca Gerda Neyer, demógrafa e estudiosa feminista, me explica que na Escandinávia – e em menor grau, na Europa – a política familiar emergiu como um conceito do movimento operário. Era para a proteção dos trabalhadores, e não para a proteção das mulheres. A França, por exemplo, viu-se com uma duradoura escassez de trabalhadores, então a única opção era empregar mulheres. Hoje, o pânico da Europa com as baixas taxas de fertilidade pode ser um motivador de políticas, mas o movimento dos trabalhadores construiu essa fundação. "Se há uma coisa boa que a Europa tenha feito foi o conceito de estado de bem-estar social", ela brinca.

O conceito do nobre trabalhador há muito tempo se estende para ambos os sexos na Europa. Anne Solasz, do Instituto Nacional de Estudos Demográficos em Paris, tem três filhos, e não passa em sua cabeça não ir todos os dias para o escritório. "As mulheres não querem ficar em casa aqui. Elas querem ser empregadas e não apenas por dinheiro, mas pela atividade, pela liberdade. É mais saudável para mim trabalhar", ela me diz. E ela diz que o Estado francês faz de tudo para apoiar essa escolha. Este, afinal de contas, é um Estado que anunciou recentemente que quer mudar o foco do sucesso do país do PIB para o "bem-estar", e o engajamento das mães por uma vida produtiva fora de casa é um fator significativo do que os responsáveis pelas diretrizes políticas estão chamando de "felicidade sustentável". Na França, o público tem opiniões negativas sobre a maternidade em tempo integral, o que a demógrafa Laura Bernardi demonstrou em sua própria pesquisa. Um desprezo generalizado pelas mulheres que largam a carreira pela maternidade – é assim que Solasz descreve a conversa cultural predominante sobre "*le conflit*".

"Eu tenho toda a assistência com as crianças que gostaria, grandes escolas gratuitas – é a vida do adulto que norteia as escolhas familiares aqui, e não a da criança", Solasz me diz, sentada debaixo de um quadro de avisos cheio de desenhos de seus filhos pendurados. "E, embora as mulheres ainda tenham que fazer tudo em casa, ainda é totalmente factível", diz, porque ela pode deixar seus filhos antes do trabalho e buscá-los depois sem comprometer todo o seu salário pelo privilégio. É menos factível na Itália e na Alemanha, ela comenta – ambos países que optaram por subsidiar tarefas domésticas com pagamentos à vista em vez de criar creches gratuitas e outras soluções sistêmicas. "E é por isso que filhos únicos se tornam mais comuns lá do que aqui. Quando se é muito mais difícil ter mais filhos, por que alguém faria isso?", Solazs questiona.

Estudos recentes nos EUA mostram que os homens estão fazendo mais, pelo menos – um terço a mais do que faziam em 1965 –, mas isso não significa que eles estejam facilitando para as mulheres. As coisas são mais difíceis para todo mundo agora. Quando o Instituto da Família e do Trabalho perguntou a cerca de 1.300 homens se eles estavam tendo dificuldades para equilibrar tudo, sessenta por cento disseram que estavam suando para atender às exigências do trabalho e da família. O cada vez mais sério conflito entre vida pessoal e profissional é um fator importante que explica por que quase todos os países no mundo ocidental relatam níveis de felicidade em declínio – entre homens e mulheres. "Ninguém quer negociar, mas sempre há uma discussão sobre quem faz o quê e sempre existe a possibilidade de mais brigas nesta louca divisão de papéis entre os pais", diz Folbre. Não é à toa que quando Daniel Kahneman pediu a novecentas mulheres que trabalhavam fora para avaliar suas experiências diárias, uma das únicas coisas que elas disseram que gostavam menos do que cuidar de seus filhos era arrumar a bagunça que eles deixavam.

A revista *Science* pode ter dado manchetes quando relatou suas descobertas em 2004, mas a chatice de arrumar é tão antiga quanto a própria bagunça. Como Simone de Beauvoir lamentou em *O segundo sexo*, "poucas tarefas parecem mais com o castigo de Sísifo do que o trabalho doméstico, com a sua repetição sem fim: o limpo fica sujo, o sujo fica limpo, repetidamente, dia após dia".

Na minha própria casa, Justin felizmente carrega metade, ou mais, da carga. Isso espanta nossos amigos. Eles me perguntam como eu consegui fazê-lo seguir esse programa, como se fosse igual a chicotear um cavalo desobediente de volta à forma. Minha resposta é simples: *se você quer uma divisão igualitária de tarefas, tenha um filho com alguém que queira ainda mais do que você*. Eles riem e tratam a minha declaração como uma piada hiperbólica. Mas o fato é que eu não poderia estar falando mais sério.

Eu sei como tudo é incontrolável com apenas um filho. E eu sei como quando eu menciono isso, as pessoas com dois (ou mais) jogam olhares desdenhosos em minha direção, como se eu estivesse reclamando sobre minhas férias permanentes. "É como ouvir uma pessoa magra se queixando de estar gorda, e eu não quero ouvir isso", uma mãe de dois filhos uma vez falou para mim. Não há dúvidas: para elas é mais difícil. Muito mais difícil. Mas eu já ouvi muita gente declarar que acha mais fácil com irmãos. "Eles cuidam um do outro", dizem em dias bons. Eu anseio por esse elemento que não existe na minha casa, não apenas pelo prazer de ver Dahlia brincar com um irmão ou irmã, mas pelos momentos de liberdade que eu ganharia. Porém, com a mesma frequência, em dias ruins eu escuto, como de um amigo na semana passada: "Esqueça o que eu disse sobre eles cuidarem um do outro. Eles estão em guerra, a minha casa está uma bagunça, e eu estou perdendo a cabeça."

Embora seja difícil de calcular as horas exatas de conflito entre irmãos que um pai deve arbitrar, existem alguns dados para medir o quanto de dificuldade cada criança adicional pode trazer. Na Universidade de Michigan, Frank Stafford administra o Panel Study of Income Dynamics (Painel de Dinâmica de Renda), que é essencialmente um diário de tempo que mede aspectos quantificáveis de nossas múltiplas vidas. Uma categoria que ele segue é trabalho doméstico. Ele considera esta categoria tão clara e confiável que a usa como exemplo quando ensina as pessoas a lerem suas complexas tabelas. O que ele constatou é que "o trabalho em seu aspecto mais cru" aumenta dramaticamente a cada criança introduzida numa casa. Cada filho acrescenta nada menos do que 120 horas de trabalho doméstico por ano. Não é à toa que as mães de irmãos não consigam tolerar minhas queixas.

Mas a questão hoje não é tão simples como lavar copinhos e meias sujas, ou até mesmo o grande número de horas que passamos longe de nossos amigos e nossos pensamentos. Conforme as exigências do local de trabalho têm se expandido para engolir nossas vidas, entrando em conflito com nosso tórrido caso de amor com nossos filhos, ser pai ou mãe se transformou em algo grotescamente distante das ideias tradicionais de criação. É difícil imaginar como alguém consegue encontrar tempo para ganhar a vida. Ou ler um jornal. Ou ter uma conversa com o parceiro sobre qualquer coisa que não as tarefas que precisam ser feitas, quem vai buscar as crianças ou fazer o jantar.

"O descompasso no equilíbrio entre trabalho e família cria um sentimento de culpa e fracasso pessoal nos Estados Unidos", Tamar Kremer-Sadlik me relata de seu escritório no Centro de Vida Familiar Cotidiana da Universidade da Califórnia, em Los Angeles. Ela fez um estudo comparativo entre diários autorrelatados de centenas de famílias italianas e americanas que expõe algumas fontes desse desequilíbrio. "O equivalente nos dados italianos é dizer, *bem, a vida é assim*. Ria e supere. Não há uma régua na Itália para medir se você é um bom pai ou uma boa pessoa. As mães americanas acham que são um fracasso porque enxergam tudo como um problema individual, não um problema estrutural." Kremer-Sadlik acredita que, sem apoio social, os pais americanos sentem uma pressão extraordinária para fazer tudo que é preciso para incluir uma criança em uma classe média cada vez menor.

"Eu ouço a ansiedade", ela me diz. "Não se trata apenas de supervisionar a lição de casa. Você trabalha mais horas de segunda a quinta-feira para se voluntariar na escola na sexta-feira, pois é a única maneira de obter uma vantagem, conhecer os professores, colocar seu filho em uma posição melhor no colégio." Depois da escola, há os esportes, dança, música, cursos de línguas – não para ajudar seu filho a se tornar um sucesso descomunal, mas apenas para manter o status da média, uma vez que isso é o que todo mundo está fazendo. Assim é a vida adulta depois das crianças nos EUA: a autonomia e a atividade dos pais são cedidas aos nossos filhos. De fato, segundo estudos de diários de planejamento da Universidade de Maryland, em comparação aos números de 1975, as mulheres de hoje gastam o dobro de suas limitadas horas de lazer com o cuidado com as crianças.

"Por que estou passando todo o meu sábado no trânsito em Rockville Pike indo a uma festa de aniversário no Chuck E. Cheese? Porque se todas as outras crianças estão fazendo isso, seu filho tem de fazer também", diz Carol Graham, de Brookings, que foi criada no Peru por uma mãe suíça. Tanto sua pesquisa quanto sua experiência pessoal sugerem que a ênfase nas crianças é uma das principais diferenças entre as famílias dos Estados Unidos e as de outros países. "Isso se transformou em uma corrida de ratos, tudo é para os *filhos, filhos, filhos*. Um milhão de atividades, exercícios toda noite. Em outras sociedades, as crianças se adaptam à família; os pais estão no controle", Graham me fala. "Você não entra em casas em outros lugares e encontra uma criança de pé na mesa de centro."

Se você buscar o termo "tempo em família" no Google americano, Kremer-Sadlik aponta, você vai encontrar centenas de milhares de resultados. Se você fizer isso no Google italiano, diz ela, você não vai encontrar nenhum. Em seus diários, Kremer-Sadlik constatou, pais americanos escreveram sobre o Sea World, filmes e outros programas que tiveram que desmarcar para criar espaço para o "tempo em família", ou seja, pais e filhos fazendo algo "orientado para crianças". Os relatos dos pais italianos descreviam o jantar às oito horas, na companhia dos filhos, sim, mas também de amigos com seus próprios filhos e até mesmo dos amigos sem filhos. Nos Estados Unidos, Kremer-Sadlik me diz: "Os adultos não têm uma vida social própria; eles não saem como *pessoas*. É uma ideologia aqui: quando você tem filhos, seu universo se reduz à sua família. Você se refugia do mundo exterior."

Isso se chama *cocooning* (do inglês cocoon, que significa casulo), quando uma família tece uma barreira translúcida entre eles e o resto do mundo. Eu sei como pode ser difícil escapar desse isolamento, mesmo com uma filha só e com alguns dos meus amigos mais queridos no andar de cima felizes por vir jantar depois de um convite por mensagem de texto. Andrew Oswald me diz que, além da família, são as redes de amizade que são mais importantes, e que a natureza desgastante da paternidade nos EUA – somada à natureza desgastante do trabalho por lá – é o que coloca essas amizades em risco. "A necessidade de uma segunda carreira dentro de casa significa que as redes de amizade têm que ser desfeitas, e isso é perigoso para a saúde mental e a felicidade humana", ele diz. Alice Rossi e outros pesquisadores descobriram que pais americanos criam seus filhos em um isolamento maior que em qualquer outro lugar do mundo, recebendo pouca ajuda de amigos, família ou da comunidade em geral. E qual comunidade vai existir é definição das *crianças* – atenção para o plural.

"Quando se tem dois filhos e dois empregos, quase não sobra tempo para os pais terem amigos do mesmo sexo ou casais amigos", diz a psicóloga Jacqueline Olds em nossa conversa sobre solidão. "Jantares são impossíveis, por isso você tem que fazer uma festa da pizza com outra família inteira apenas para gerenciar tudo. A verdade é que duas crianças realmente excedem os pais." A própria Olds tem duas: "Eu sei – dois filhos têm o poder de engolir o resto da sua vida." O que acontece, Olds me diz, é que quanto mais os pais se isolam de todos, exceto seus filhos, mais eles inadvertidamente contam com eles para companhia. A demarcação entre adultos e crianças desaparece. As necessidades e desejos das crianças ditam o tom e as prioridades de uma casa.

Não estamos falando apenas de balé e festas de aniversário. Especialmente em certos códigos postais, há algo mais profundo acontecendo. Quando eu assisto às primeiras temporadas de *Mad Men*, o anacronismo que sempre me assusta não são os três martínis no almoço ou o escritório sexista, mas a frase que a mãe Betty Draper grita mais do que qualquer outra: "Sally, vá assistir TV!" Mostre-me uma mãe na classe Draper atual que fique confortável mandando seu filho ficar plantado na frente da televisão em vez de embarcar em um projeto de artesanato com materiais recicláveis ou dirigir-se a uma aula sobre alimentação orgânica para sua prole.

Como Erica Jong escreveu em um ensaio no *Wall Street Journal* que levou muitas mães formadas em instituições caras a enviar cartas furiosas para o editor: "A menos que você esteja vivendo em outro planeta, você sabe que temos sofrido uma enxurrada de uma espécie de 'maternofilia', pelas duas últimas décadas, pelo menos." Esta "maternofilia", "o nosso novo ideal", é caracterizada por "comida caseira para bebês, fraldas de pano, um casulo sem relógios, sem horários programados", Jong escreve, construindo uma "prisão para mães", ou pelo menos para mães que podem pagar por farinha orgânica e aulas de yoga para bebês.

"Tudo é adubagem e cupcakes!" Linda Hirshman exclama, quando nos encontramos para almoçar e analisar como a maternidade nos devorou vivas. Hirshman escreveu um livro curto chamado *Get To Work* (Vá trabalhar) há alguns anos que fez o artigo de Jong no *Wall Street Journal* parecer com o trabalho de Phyllis Schlafly. Ela havia notado que os anúncios de casamento do *New York Times* tinham se tornado um desfile de noivas hipereducadas que queriam se livrar de suas promissoras, duramente conquistadas e relativamente incipientes carreiras em favor das armadilhas da vida doméstica. Estes eram os rostos sorridentes – todos frutos de um bom trabalho ortodôntico – da chamada revolução *opt-out* . *Get To Work* foi uma resposta filosoficamente fundamentada e baseada em dados para este gênero. As mulheres que abandonaram seu papel no mercado para levar a vida usando calças de yoga para buscar os filhos na escola, ela observou, "são dependentes da produtividade e da boa vontade dos homens com quem se casaram. Elas não podem se sustentar e nem as crianças. Elas não podem decidir onde suas famílias vão morar" (e, eu acrescentaria, que Deus ajude se elas se juntarem à metade das esposas que se divorciam). O resultado, escreve ela, "não apenas rouba essas mulheres de seu próprio poder, mas, no geral, cria um esgotamento de cérebros femininos dos futuros governantes da nossa sociedade".

Hirshman não foi a única a testemunhar este esgotamento de cérebros. Cerca de uma década atrás, a professora da Harvard Business School Myra Hart descobriu que apenas trinta e oito por cento das mães com MBAs em Harvard estavam trabalhando em tempo integral. Dados do censo para mães com graduação e crianças pequenas mostram que apenas metade trabalha em tempo integral. Estes são o que um amigo meu chama de "problemas de gente rica". Não é como se essas mulheres estivessem sendo expulsas do seu local de trabalho. E essas peruas são as mães menos propensas a carregar a família nas costas. São as mulheres de menor instrução e com empregos de menor remuneração que costumam fazer tudo em casa. A demógrafa Livia Olah descobriu que, em todo o mundo, pais com educação superior são muito mais propensos a dividir igualmente as responsabilidades com a criação dos filhos.

Mas tanto para a mulher rica quanto para a pobre, quanto mais filhos ela tem, menos provável que ela mantenha seu emprego e, consequentemente, sua independência. Mesmo dois podem ser demais. Em *The Price of Motherhood* (O preço da maternidade), Ann Crittenden escreve: "A forma mais popular de planejamento familiar nos Estados Unidos e outros países ricos – duas crianças nascidas com um pequeno intervalo de tempo entre elas – é incompatível com as carreiras da maioria das mulheres. Mesmo que uma mãe recente e seu empregador consigam lidar com um filho, o segundo bebê é frequentemente a gota d'água", ela continua. "Inúmeras mães descobriram que o nascimento do segundo filho e a impossibilidade de organizar uma semana de trabalho mais curta para acomodá-lo destruíram sua carreira." É interessante notar que Crittenden, cujo currículo inlcui passagens em veículos como*The New York Times*, *Newsweek* e *Fortune* como repórter, CBS News como comentarista, MIT e Yale como professora, e Fund for Investigative Journalism como diretora executiva, é mãe de um filho único.

Nós tendemos a considerar a ambição feminina uma invenção moderna, da mesma época das ombreiras e dos DIUs, puxando nossos halos de inata bondade maternal até que se quebrem em dois. Mas, como a antropóloga e primatologista Sarah Blaffer Hrdy apontou, este halo foi de fato uma invenção vitoriana. Ambição, ela escreve, é exatamente o que somos designados a ter. Era o que uma mãe chimpanzé precisava para evitar que outras fêmeas comessem sua prole (e eu que pensava que os pais irritantes do playground eram difíceis de engolir) ou monopolizassem os recursos de que ela precisava para alimentar seu bebê. Longevidade duramente conquistada, para mães, significa sobrevivência. Hrdy, em seu fascinante livro *Mother Nature* (Mãe Natureza), escreve: "Lutar por influência local estava geneticamente programado na psique dos primatas do sexo feminino em um passado distante, quando status e maternidade eram totalmente convergentes."

Mas, como Hrdy escreve, "a maioria das mães que leem este livro se preocupa muito menos com fome, tigres e membros infanticidas da mesma espécie do que se preocupam com promoções no trabalho, benefícios de saúde e encontrar creche adequada". Uma boa creche não é uma ameaça menor para as mães de hoje do que os tigres eram aos nossos ancestrais primatas. Hrdy conta que, enquanto seu livro está indo para a impressão, seu filho mais novo (dos três) está com doze anos de idade – e ela ainda tem uma babá dentro de casa. Sua rara condição de pagar essa ajuda é o que permite que ela faça o seu trabalho e seja mais do que apenas mãe. Não que, mesmo com tal nível incomum de apoio, ela possa seguir macacos na Índia por semanas ou meses, como fazia antes de ter filhos. Não é de se admirar que cientistas do sexo feminino tenham menos filhos do que qualquer outra pessoa.

Uma pesquisa que monitorou famílias a partir do final da década de oitenta até o início dos anos noventa mostrou que, enquanto uma única criança diminui o emprego de uma mãe em cerca de oito horas por semana, o segundo filho leva a uma redução *adicional* de cerca de doze horas. As horas de trabalho de um pai não sofrem nenhuma alteração quando o primeiro filho nasce, mas uma segunda criança na verdade aumenta o seu tempo no trabalho em cerca de três horas por semana. Com tudo isso em mente, Hirshman instrui os leitores (e ela mesma grifa): "Tenha um bebê. *Só não tenha dois.*" Ela cita Judith Stadtman Tucker, do site Mothers Movement Online, que afirma que a maioria das mulheres que optam por sair do trabalho para cuidar de crianças geralmente o fazem apenas depois do nascimento do segundo filho. Como ela ilustra, "uma segunda criança pressiona as habilidades organizacionais da mãe; dobra as exigências de consultas; aumenta descontroladamente os custos de creche, educação e habitação e leva as famílias para as áreas mais residenciais", onde, como ela descreve, delivery de comida chinesa é a única opção no final de um louco dia de trabalho.

É fácil ver como crianças adicionais trazem loucura adicional para o nosso já louco mundo. Durante os últimos cinquenta e tantos anos, não só o número de horas com cuidados infantis aumentou, mas também a média da semana de trabalho nos EUA – cerca de treze horas. Na verdade, embora tenhamos menos apoio do Estado para as famílias, temos a semana de trabalho mais longa do mundo desenvolvido. Na Noruega, a terra das creches totalmente subsidiadas, os trabalhadores computam 1.400 horas por ano contra as nossas 1.900 horas. De fato, passamos mais tempo no trabalho do que os cidadãos de qualquer outro país industrializado, ficando atrás apenas dos profissionais de duas nações em desenvolvimento. Enquanto as horas de trabalho aumentaram significativamente por aqui, elas foram consistentemente reduzidas na maioria dos outros países industrializados, segundo a Organização Internacional do Trabalho. E de acordo com um estudo de Berkeley sobre "The Overworked American Family" (A família americana sobrecarregada), tanto o pai quanto a mãe de uma família em que os dois tenham renda trabalham uma média de quinze horas por dia em uma combinação de trabalho e tarefas domésticas.

Não é que o conflito entre paternidade e profissionalismo seja algo novo. Sarah Blaffer Hrdy escreveu sobre como a tensão entre subsistência e reprodução era facilmente discernida entre os nossos ancestrais evolutivos. Embora eles, como ela diga, "carregassem seus bebês pela floresta enquanto forrageavam, mas nós não podemos levá-los para a fábrica". E apesar de nós termos nos tornado mais educados, mais avançados tecnologicamente, mais psicologicamente astutos, mais abertos sobre os nossos dolorosos sacrifícios, as coisas simplesmente pioraram. Você consegue entender por que algumas mães que têm boa condição financeira diriam *dane-se* para uma carreira.

No entanto, em pesquisas recentes os pais geralmente descrevem seu local de trabalho como menos estressante e mais gratificante do que sua casa. É um ambiente social, adulto, guiado por resultados – e frequentemente parece ser o único lugar em que eles podem escapar da cacofonia de seus filhos. Quando as mães não trabalham, elas não estão apenas perdendo poder e liberdade financeira, mas uma igual participação diária no mundo adulto. Esta é grande parte da razão pela qual, em uma pesquisa recente do Pew, noventa e um por cento das pessoas dizem que o tipo mais gratificante de casamento é aquele em que ambos trabalham. Ou melhor, noventa e um por cento das pessoas na França dizem isso – somente setenta e um por cento dos americanos concordam.

Os papéis tradicionais nos EUA são teimosos e se recusam a abrir mão dos velhos hábitos, independentemente do custo. Philip Morgan, o pesquisador da Universidade Duke que não consegue imaginar como negar a si mesmo ou a seus filhos uma família com três irmãos, tem escrito extensamente sobre as mulheres "errando o alvo" de seu tamanho pretendido de família, "que quase nunca é uma criança só", embora ele admita que isso "não tem os efeitos negativos que poderíamos imaginar sobre a felicidade ou outras medidas de bem-estar". Eu respondo que quando se pergunta a uma menina de dezoito anos de idade – e ele faz isso – como ela imagina seu futuro, poucas provavelmente consideram as concessões da vida adulta. Ou uma mulher de trinta anos de idade antes de ter seu primeiro filho. Ou sua primeira hipoteca. Ou um prazo importante quando a criança tem gripe.

Um dos mitos centrais da América é que nós podemos projetar uma vida sem concessões. Regidos por esse mito, estamos devastados pelo excesso de compromissos e o isolamento que vêm como resultado, ofegantes em uma roda de hamster em que giramos até entrarmos em colapso. É preciso uma crise financeira para considerarmos reexaminar nossas prioridades, e nesse ponto já estamos longe demais para poder fazer alguma coisa. Em nossa sabida impotência, alguns de nós nos recolhemos dentro de casa para tentar assumir o controle sobre algumas esferas de nossas vidas – o pequeno universo que tentamos construir do nosso jeito.

Isto é especialmente verdadeiro quando você troca a parte central da cidade pelas áreas mais residenciais, onde a própria esfera privada substitui uma esfera pública que não existe mais, é o que diz Andres Duany, coautor de *Suburban Nation* (Nação suburbana). As casas de hoje são "totalmente equipadas para compensar e mitigar a perda do domínio público", diz ele. Cinquenta anos atrás, as casas mediam em média 150 metros quadrados. Agora esse número vai até 250 metros quadrados, e a arquitetura de interiores, na mente de Duany, existe para imitar um mundo urbano onde poucos americanos habitam hoje.

O hall de entrada com pé direito duplo é o substituto da praça da cidade, a sala de TV suplanta o teatro, a suíte master praticamente existe como a própria casa no centro da cidade. Várias áreas para refeições favorecem ainda mais a nossa separação do mundo exterior: a copa é a lanchonete; a sala de jantar formal é o restaurante de toalhas brancas para ocasiões especiais; até mesmo a ilha da cozinha funciona como uma tabacaria europeia. "Se você tivesse uma esfera pública", diz Duany, "você não teria que comprar mais casa" para mais crianças.

Há uma razão, ele me diz, para a idade adulta nessas áreas mais nobres e afastadas ser uma experiência de tão forte isolamento. Esqueça a solidão do filho único: não só estamos enfurnados em nossas casas – quando não estamos em um evento infantil –, também gastamos grande parte de nossas vidas em nossos carros, suspensos em nossas bolhas de aço e vidro, apressando-nos para a escola, para o futebol, e para o trabalho. Claro, as mães francesas podem fazer oitenta e nove por cento das tarefas domésticas. Mas quando elas são convidadas a avaliar o quanto estão "sempre colocando as necessidades das crianças antes das suas próprias" verifica-se que elas têm a metade da probabilidade das mães americanas para reconhecer que negam suas próprias necessidades. Suponho que faça sentido que, em uma pesquisa comparando a felicidade das mães na França e no Texas, *les meres* (as mãos francesas) tenham dito que ficam muito contentes durante o tempo que passam com seus filhos. As texanas classificam esses momentos de seus dias logo abaixo do sofrimento das viagens diárias.

Famílias maiores exigem mais espaço para viver, o que se torna mais acessível quanto mais longe você estiver dos centros urbanos. Em 2008, os economistas suíços Alois Stutzer e Bruno Frey descobriram que, enquanto as pessoas aceitam de bom grado uma demorada viagem diária até o trabalho para ter uma casa considerável nos subúrbios, existe uma ligação direta entre longas jornadas e baixo bem-estar. De fato, eles relataram que as pessoas que gastam cerca de quarenta e cinco minutos a cada dia no transporte têm que ganhar dezenove por cento a mais do que ganham em um mês para fazer a viagem valer a pena. Nós trabalhamos mais para sustentar famílias maiores em casas maiores e carros maiores – e então olhamos para nossas famílias como fonte de trabalho, e não prazer. Tudo isso vai de encontro a uma cultura que promove mais reprodução. Além disso, se estamos apenas seguindo o roteiro social, por que estamos nos culpando por nossa infelicidade?

Podemos não ter tempo ou energia para organizar e participar de movimentos pela mudança social, ou mesmo para ler o jornal, mas podemos assar cupcakes orgânicos e supervisionar a lição de casa de álgebra e passar a vida dirigindo do futebol para o balé e assistindo ao canal Nick Jr. em nossas salas de televisão. Essa paternidade levada ao extremo parece altruísta por um motivo: os pais estão literalmente *se perdendo.* Nossas comunidades e a democracia os estão perdendo também. Imagine se toda essa devoção não fosse apenas dirigida para dentro da família, mas também para o mundo exterior? É difícil, não é? O mundo pode parecer e soar extremamente enevoado de dentro de um casulo doméstico.

7.

ECONOMIA DOMÉSTICA

Em um arborizado café ao ar livre em Berlim, Catherine, filha única nascida na América, resmunga sobre seu DIU. Ela já o colocou há dez anos, quando seu filho, também único, tinha três anos. Ela tem que retirá-lo. Será que deve colocar outro? Ela tem apenas trinta e sete anos. Recebe 189 euros por mês para seu filho, que vai para a escola em um ginásio público maravilhoso (ela passou a infância em Nova York e nos melhores colégios particulares de Boston e diz que o dele é tão bom quanto) e tem fantásticos programas pós-escola também oferecidos pelo Estado. "Oh, meu Deus, é *muito* mais fácil para nós", diz Catherine. "Eles estão simplesmente nos dando dinheiro para fazer mais alemães." E, no entanto, atualmente a taxa de fertilidade total da Alemanha é de 1,4 nascimentos por mulher. Da Áustria também. Em ambos os países, famílias de um único filho tornaram-se uma norma aceita, diz Joshua Goldstein, que dirige o Instituto Max Planck de Pesquisa Demográfica em Rostock. "Este 'problema do filho único' que vocês americanos diagnosticaram, este estereótipo – nós simplesmente não o temos aqui", um demógrafo belga me disse quando tomávamos café em uma tarde de neve em Viena. "E se nós já tivemos, certamente não temos mais. A questão aqui não é o filho único, é a ausência de filhos."

Na Europa, a paternidade tornou-se uma grande questão política. O pânico com as baixas taxas de fertilidade gerou uma onda de políticas familiares que vão desde a licença paternidade obrigatória e creche garantida desde a primeira infância até pagamentos em dinheiro para cada nascimento. Ou eu deveria dizer baixa fertilidade do europeu nativo: os imigrantes muçulmanos têm desarmado o que Nicholas Eberstadt, do American Enterprise Institute, chama de "bomba do despovoamento" da Europa com suas altas taxas de natalidade. Os cidadãos brancos e instruídos simplesmente entraram em greve de nascimentos, recuando dos sacrifícios que as crianças requerem e sem uma igreja forte para ditar o contrário. Mesmo com a alta fertilidade dos imigrantes na conta, as mulheres do sul da Europa estão se reproduzindo a taxas *fraulein* de 1,4 filhos cada. Na Europa Oriental, os números são ainda mais baixos.

Em português claro, governos do Mediterrâneo até o Mar Báltico se apavoraram – e na maior parte do mundo, isso é o que é preciso para desenvolver extensas políticas familiares que conciliem a realidade da maternidade com as exigências da modernidade. A cúpula de 2010 da União Europeia em Barcelona decretou que os países membros deveriam fornecer serviços de creche e acolhimento para um mínimo de trinta e três por cento das crianças com menos de três anos de idade e noventa por cento das crianças de três anos até a idade escolar legalmente exigida no local. Isso se soma à diretiva preexistente que garante a licença de três meses com salário integral tanto para pais quanto para mães. Como esperado, uma série de pesquisas constatou que essas políticas têm mostrado um efeito positivo sobre as relações de gênero.

Você pode ver tudo isso como feminismo, mas na realidade é economia – e ansiedade racial. Demógrafos e sociólogos foram convocados em massa para descobrir como incentivar os europeus nativos a terem mais bebês. Assim, uma área acadêmica que havia inicialmente atraído gerações de pesquisadores para os países em desenvolvimento a fim de descobrir como fazer as mulheres pobres e de pele escura terem *menos* filhos mudou seu foco e agora ajuda as mulheres mais ricas e de pele clara a terem *mais* filhos. Claro, os demógrafos insistem que tudo é guiado pelo mesmo objetivo: ajudar as mulheres a viverem a vida que querem. A maioria de nós poderia ter dito a eles o que precisamos para fazer isso sem precisar encomendar inúmeras pesquisas quantitativas. Precisamos de mais tempo e de mais dinheiro.

Uma lista de demógrafos famosos se reúne anualmente na conferência do Instituto de Demografia de Viena na Academia Austríaca de Ciência. Em uma estreita rua de pedestres cheia de neve, atrás de uma antiga porta dupla de madeira, ao fim de uma escadaria desgastada de mármore, o cenário para este encontro é bem típico do Velho Mundo. Sob um lustre e tetos pintados em *trompe l'oeil*, um demógrafo búlgaro anuncia o objetivo da convenção: "Conduzir a política que vai mudar as taxas de natalidade." Eu estou espantada que, ao longo dos dias em que estamos aqui reunidos, ninguém parece se questionar se *queremos* mais filhos.

No meu caminho para a Academia todas as manhãs, passo por famílias levando seus pequenos filhos únicos para a escola em trenós que deslizam por este reino nevado abençoado pelas fadas, embora ciente de que, mesmo com o governo oferecendo incentivos aqui, trinta por cento das famílias austríacas ainda param no primeiro. Eu morro de inveja de pais que recebem o abono familiar *kindergeld* ou têm creches fantásticas onde podem deixar as crianças enquanto vão participar do mundo adulto – sem ter que comparar o custo de cada hora do serviço com o que se ganha nesta mesma hora. Talvez se eu morasse em algum lugar onde a política me auxiliasse a ter outro filho sem ter que reformular radicalmente a vida que eu trabalhei duro para construir, Dahlia teria um irmãozinho ou irmãzinha agora. Eu penso na assistente de um médico que conheci pouco antes do meu voo para Viena – uma francesa criando um filho único no Brooklyn.

"Se eu ainda estivesse na França eu teria pelo menos mais um, mas aqui? *Pffhh*. É impossível."

Apesar da política de mínimos da União Europeia, as regras são diferentes em toda a Europa, e o grupo reunido aqui descobriu que a tentativa de cada país de resolver *le conflit* está diretamente relacionada à quantidade de crianças com que uma família acha que pode arcar. Por exemplo, no sul da Europa, onde os governos entregam cheques para recém-nascidos sem estabelecer soluções sistêmicas para os cuidados com eles, a taxa de fecundidade total ainda é a mais baixa do continente. Nos países escandinavos, onde os serviços são universais e todas as crianças têm acesso a esse tratamento, a fertilidade é a mais alta. Os países nórdicos podem ter sido duramente atingidos pela recessão global, mas seu sistema de saúde e a estrutura de cuidados com a infância, definidos como direitos, continuam intocados apesar dos cortes no orçamento em outros escritórios do governo. Mesmo as recentes políticas de licença prolongada não infringiram a exigência de que todas as crianças tenham acesso à creche em tempo integral. Quando eu comento com os europeus aqui que quase não há discussão sobre a necessidade de tais políticas nos EUA, eles ficam atordoados.

Na Europa, os fantasmas do século XX estão por toda parte. Adversidades penosas só estão a uma geração de distância. Na Alemanha, conheci uma filha única chamada Antje que cresceu no lado leste do Muro, onde quando criança tinha um fantoche e dois livros. Sua mãe lhe contava histórias em que lembrava da própria infância, "suas histórias eram meus livros", diz ela. Ela se lembra de sua mãe esperando em uma fila por três dias para conseguir um par de calças para a filha. "Todos éramos filhos únicos", Antje me diz. "Como poderia ser de outra maneira? Não havia tempo. Todos trabalhavam o tempo todo. Tudo era muito impossível." A mãe de Antje adorava viajar antes de a Alemanha ser dividida, então ela deu à sua filha um nome da Holanda, seu lugar favorito, que ela acreditava que Antje nunca teria permissão para visitar.

Agora Antje tem um trabalho que ama na área de comunicação de um hotel de luxo e viaja em todas as oportunidades que tem, aproveitando a liberdade como que por vingança. Ela não quer sacrificar a experiência da maternidade, mas também não quer se dedicar inteiramente a ela. Então diz que provavelmente vai parar em um só. De fato, os países do antigo bloco comunista têm algumas das taxas de fertilidade mais baixas, ficando atrás apenas da Ásia Oriental. "Ter filhos únicos é normal para mim", diz Antje, brincando com um pingente de diamante que sua mãe nunca poderia ter imaginado adornar seu pescoço. "Claro, as coisas estão muito melhores do que eram, mas isso não significa que ainda não seja difícil, e isso não significa que nós não fiquemos com o pé atrás."

Teria sido difícil imaginar nos anos do pós-guerra que um dia criar um filho nos EUA exigiria mais sacrifício do que nos *kindergartens* da Europa. De acordo com o Departamento de Agricultura dos Estados Unidos(USDA, na sigla em inglês), uma criança nascida em 2010 vai custar uma média de US$226,920 até completar dezoito anos. Esqueça a faculdade, ela não entra neste cálculo. O elevado preço dos filhos está aumentando a uma taxa consideravelmente superior à da inflação; durante o relativo crescimento do ano de 2000, a conta do USDA dava US$165,630. E se você levar em consideração os custos de oportunidade da perda de renda da mãe – somando licença maternidade, uma escala com menos horas de trabalho e outros aspectos das chamadas "penalidades maternas" em nossa injusta relação com o empregador – estamos falando de mais de um milhão de dólares. Esta análise não vem de um *think tank* feminista (embora muitos possam endossá-la com dados sólidos), mas de uma conversa que tive com Bryan Caplan, economista e autor pró-natalidade de *Selfish Reasons to Have More Kids* (Razões egoístas para ter mais filhos).

No entanto, Caplan escreve que, apesar de tudo o que sabemos, "famílias grandes são mais acessíveis do que nunca, porque estamos três vezes mais ricos do que em 1950". Claro, ele diz, "as mulheres perdem mais renda quando se afastam do trabalho, mas elas também têm muito mais renda para perder". Eu não vejo como tal fundamentação perdoa o que o Instituto de Pesquisa de Políticas das Mulheres recentemente publicou: em mais de quinze anos de trabalho na idade de 35-54 anos, as mulheres ganham apenas trinta e oito por cento dos salários dos homens, principalmente devido a menos horas trabalhadas por conta do cuidado com os filhos. Caplan argumenta, contudo, que "os pais de hoje têm dinheiro para resolver problemas grandes e pequenos", e que "graças ao crescimento da tecnologia e da riqueza, a paternidade nunca foi tão acessível e tão pouco trabalhosa". Criticando nossa "maternofilia", Caplan insiste para que usemos nossas televisões como babás.

De certa forma estou com ele – e após conversarmos, eu me senti muito melhor por ter mandado Dahlia para a escola de manhã com um vestido por cima do pijama. Seu pensamento, que ecoa uma lógica que ouvi de muitos pais de irmãos, é que depois de fazer o investimento inicial de tempo e dinheiro em uma criança, o resto é nada. Na verdade, seu primeiro filho é o mais caro. Mas não é como se você fosse pagar o resto no Sam's Club. Considere os orçamentos do livro de Nancy Folbre, *Valuing Children* (Orçando crianças): uma família que gasta onze mil dólares com um filho (e isso é muito, muito abaixo da média nacional) gasta dezoito mil dólares em dois. E sim, o terceiro é mais barato se você olhar dessa forma, a sete mil cada, mas todos eles juntos somam vinte e um mil. As diferenças entre esses totais são extremas, pelo menos para a minha conta bancária. A diluição de recursos também está em jogo: um filho único nesta equação recebe integralmente os onze mil dólares, já os irmãos têm que se contentar com uma parcela muito menor; enquanto isso os pais têm que gastar muito mais.

Famílias de dois filhos em que ambos os pais trabalham dedicam mais de um terço da renda às crianças. O percentual aumenta a cada filho adicional, e, o mais preocupante, quanto menos os pais ganham. Por exemplo, a família média vivendo na pobreza dedica quarenta por cento de sua renda apenas para cobrir cuidados com os filhos, enquanto os pais que vivem acima da linha de pobreza têm de desembolsar apenas sete por cento dos seus salários. É difícil imaginar com quem Bryan Caplan está falando quando escreve sobre dar à luz mais crianças. "Como consumidor, como você muda seu comportamento quando um produto fica mais barato, melhor ou mais fácil de comprar?", ele pergunta. "Você compra mais. Você volta. Você fala com seus amigos. Você posta uma resenha de cinco estrelas na Amazon. Se as crianças são o produto, a lógica do consumo ainda se aplica. Compre mais que o negócio fica melhor." A noção de crianças como bens duráveis brotou da mente do economista Gary Becker, ganhador do Nobel. A teoria econômica de Becker afirma que não há realmente nenhuma diferença entre a decisão de criar uma criança e fazer qualquer outro investimento. As crianças, como qualquer outra coisa, diz ele, são uma forma de capital que geram um fluxo futuro de serviços valiosos. Que, se você tem terra para trabalhar, faz todo o sentido; um pouco menos, eu diria, no mundo moderno.

Se é assim que as pessoas fazem a escolha de se tornar pais e ter mais filhos, eu ainda hei de conhecer alguma. Na melhor das hipóteses, parece-me teórico comparar a aquisição de, digamos, uma máquina de lavar com abertura frontal à de pequenas e dependentes pessoas com encantos, roupas, frustrações, rostos, vozes, e assim por diante. No entanto, você pode reconhecer que o impulso de trazer uma criança para sua família, de amar e cuidar de uma vida nova e em crescimento, provavelmente não é uma análise de custo-benefício. As crianças são um desejo, não um cálculo. É por isso que eu acredito que se você realmente deseja mais de um filho, você vai se virar. As pessoas sempre dão um jeito. E se você não der, bem, há uma grande pilha de números do seu lado. Se formos ser racionais sobre isso, certamente o veredicto econômico sugere que paremos no primeiro.

É um absurdo que nestes dias sombrios economicamente as famílias com um filho só tenham a reputação de serem ricas. Certamente, houve um passado de pais urbanos cujos filhos únicos tinham pedigree de escolas particulares e passaportes cheios de carimbos (eu sou uma variação relativamente baixa renda desse tipo de garota riquinha). Mas o estereótipo desmorona, especialmente em uma economia ruim. "Porque crianças são caras, você compra menos delas", Elizabeth Ananat, de Duke, resumiu num corpo de pesquisa na conferência da Associação da População da América de 2011. Naquele evento, Kevin Mumford, da Universidade de Purdue, apresentou dados que contradizem a noção de que filhos únicos vêm de famílias ricas. Cada US$100 mil em renda familiar, segundo ele, levantam a fertilidade de dez a catorze por cento.

Conforme uma crise de empréstimos estudantis cresce nos EUA, este giro certamente irá aumentar. Pela primeira vez, o que os estudantes devem em mensalidades é mais do que todo o país deve em cartões de crédito. Diplomas universitários expedidos em 2010 vieram com uma média de 24 mil dólares em dívidas. Junte esse panorama com o alto desemprego e é fácil ver por que uma geração inteira está voltada para a fertilidade tardia, evitando conceber até que as finanças possam se alinhar com os planos familiares.

E, ainda assim, permanece o mito de que os filhos únicos são meninos mimados e ricos. Quando entrevistei o economista britânico Andrew Oswald, ele presumiu que Justin e eu pararíamos no primeiro "para esquiar nas férias e ter carros esportivos sem cadeiras de bebê". Diga isso para Kathy e Shay, dois gerentes de produto cuja única filha vai para a escola montessoriana enquanto eles trabalham. Saboreando hambúrgueres em um New Jersey Fuddruckers, eles me contam que têm pensado em ter outro filho, mas não conseguem descobrir como conciliar os custos de creche e cuidados infantis e, além disso, o peso da responsabilidade parental. As expectativas em seu escritório são implacáveis, diz ela. "Eu trabalho no mundo corporativo. É um monte de homens. Eles não se importam com o que eu tenho que fazer em casa." Ela para no meio do pensamento, observando uma mãe de calças de yoga carregando uma criança no colo e literalmente puxando outras duas ao nosso lado. A mãe fecha os olhos para o choramingo atrás dela. Kathy dá-lhe um sorriso apertado, e uma vez que a mãe passa por nossa mesa, suspira e balança a cabeça.

Um ano em nossa atual crise econômica e os médicos relataram um boom de procedimentos permanentes como laqueaduras e vasectomias (embora estas geralmente possam ser revertidas). As clínicas não conseguiam dar conta da demanda por Essure e DIU. É fácil entender por que a fertilidade não cai apenas durante uma crise de desemprego, mas também durante um período de bolha imobiliária, conforme Mumford apresentou na conferência. Quando você é forçado a voltar a morar com seus pais, cônjuge e filhos a tiracolo, você não vai pensar em fazer bebês, como a psicóloga social Susan Newman explica em seu livro *Under One Roof Again* (Sob o mesmo teto outra vez). Honestamente, se não tivéssemos saído do nosso pequeno apartamento durante o boom, é difícil imaginar que teríamos Dahlia hoje. Eu odeio pensar em sua existência como fruto do momento do mercado imobiliário, mas o que poderia ter funcionado como um quarto para ela era o meu escritório e o armário de equipamentos de Justin. Onde atualmente é seu quarto era inicialmente um closet com janelas.

Dahlia e eu saímos para comer uma pizza uma noite (que sejam abençoados os deuses da vida urbana), e enquanto estávamos conversando e saboreando nossas fatias, o telejornal da CBS começou na televisão suspensa sobre o balcão. Ficamos hipnotizadas por uma matéria sobre a Slab City, uma comunidade enorme de famílias desabrigadas instaladas sobre hectares de concreto que pertenciam a um quartel abandonado da Segunda Guerra Mundial. Dahlia mastigava pensativamente enquanto observava um pai falar sobre como ele tinha usado uma gravata para trabalhar até seis meses atrás, quando perdeu tudo e não teve escolha senão se mudar com seus três filhos para essa cidade improvisada no deserto da Califórnia. Em seguida, ela direcionou o olhar para mim e perguntou: "Mamãe, aqueles não somos nós porque há apenas uma de mim em vez de três?"

Ela está no caminho certo. A matemática básica do que um filho único custa – em tempo, dinheiro e energia – é simples o suficiente para intuir. O que ela não sabe é que, cada vez mais, quanto menos dinheiro uma mãe tem, menor é a possibilidade de ela ter um parceiro, mesmo um desempregado. Casamento, ou mesmo uma união estável fora da definição legal, está se tornando uma linha traçada entre as classes. Uma coisa é (embora uma coisa eminentemente razoável) reclamar sobre o que os maridos não fazem, e expressar preocupação com as mães fugindo do local de trabalho quando dois parceiros partilham uma casa. Mas cada vez mais esses dois pais tornaram-se um bem de luxo. A maioria das mães com menos de trinta anos sem diploma universitário tem filhos e nenhum parceiro. Muitas delas começaram a faculdade, mas não tiveram condições de bancar o que era preciso – de novo, em dinheiro, tempo e energia – para se formar. Agora elas estão criando seus filhos por conta própria. Pense sobre quanto cada filho adicional custa e então imagine como esse peso se acumula nos ombros de uma pessoa que está tentando fazer tudo sozinha. Dificilmente irá chocá-lo saber que, invariavelmente, nas famílias monoparentais, a despesa mais alta é com o cuidado com as crianças.

Quando a economia cai, o mesmo acontece com a fertilidade. Mas o encolhimento das famílias provavelmente nunca foi sentido tão drasticamente como na década de trinta. Não só levamos uma rasteira da Grande Depressão, mas adventos na indústria, educação e filosofia começaram a redesenhar radicalmente o escopo e o objetivo de vida das mulheres. O trabalho das mulheres tornou-se uma necessidade nos Estados Unidos e uma exigência nos Estados Soviéticos.

Para o bem e também para muito pior, a definição do potencial e do propósito humano estava mudando de acordo com a lógica financeira de perceber todo e qualquer potencial, o que atormentava a maioria das pessoas. No entanto, continuavam fortes as ideias sobre o que uma mulher e uma família eram.

Em 1933, uma ilustração de uma família de quatro pessoas, reunida em torno da lareira, acompanhava a matéria de William F. Ogburn no *New York Times* sobre as tendências da "família americana de hoje". Ogburn escreveu: "Era uma vez em que uma criança se sustentava em uma fazenda com dez anos de idade." Mas na era industrializada, as crianças tornaram-se despesas, não mais ativos, escreveu ele, mudando o formato de nossas famílias. E foi uma mudança e tanto: as famílias com filhos únicos se tornaram tão comuns que eu tenho na minha cozinha um livro fino com uma linda capa art déco laranja chamado *Cozinhando para três*, publicado neste mesmo ano. Um novo tipo de família – e um novo tipo de mãe – havia chegado. Na década de trinta, a taxa de famílias com filhos únicos subiu para mais de trinta por cento.

Durante a Depressão, o governo fundou jardins de infância emergenciais para que as mulheres pudessem ir trabalhar. Mas elas foram imediatamente fechadas assim que a economia se recuperou (graças, em grande parte, às próprias mulheres que foram transferidas de volta para a cozinha). Então, uma vez que os EUA entraram na Segunda Guerra Mundial, o Estado abriu creches perto das fábricas de armamento onde todas aquelas moças precisavam bater ponto, custando cinquenta centavos por dia para cada mãe. Mas com a vitória, mais uma vez a noção de creche subsidiada foi imediatamente abandonada. Até 1971, isto é, quando o Congresso aprovou a Emenda Abrangente de Desenvolvimento da Criança, um sistema nacional de creches concebido para ajudar as mães solteiras que trabalhavam a cuidar de seus filhos. Alegando que a emenda cheirava a um lamentável comunismo e declarando que a lei "implicava no enfraquecimento da família", Nixon a vetou assim que chegou à sua mesa. E assim vai. Ou melhor, assim vai aqui, no único país do mundo industrializado que se recusa a garantir licença parental remunerada.

Há muito os Estados Unidos declaram uma fé nacional na força da nossa economia. E quando você lê livros de pessoas – normalmente homens – sobre a relação entre a nossa fertilidade e os nossos bancos, você acha que as mulheres que não estão parindo dois ou mais bebês estão queimando bandeiras (e sutiãs) em praça pública. Este é o lugar onde o egoísmo dos pais de um único filho é tratado como traição, como se estivéssemos fechando as fábricas e afundando o mercado de ações pelo poder estagnante de nossos ventres subutilizados. Phillip Longman nomeou nossa distopia econômica de baixa reprodução de "tsunami cinza", a onda que vai acabar com a América quando as cada vez mais escassas pessoas com menos de trinta anos terão que sustentar a desproporcional população grisalha.

A resposta da Europa a esta ansiedade, como se sabe, é desenvolver políticas que diminuem o peso da criação dos filhos, incentivando os pais a tirar proveito da licença paternidade remunerada e estimulando as mães a combinar um papel no local de trabalho com as responsabilidades em casa. Enquanto isso, os EUA fazem vista grossa para as circunstâncias da família moderna. Longman, cuja voz é a mais alta no debate alarmista sobre a relação entre as taxas de natalidade e os mercados, já deixou clara sua opinião sobre o que ele acha ser a melhor solução para o futuro da América: um retorno ao patriarcado radical. Como ele escreve em um ensaio de 2006 na *Foreign Policy*: "Deve-se observar que uma sociedade que apresenta às mulheres essencialmente três opções – ser freira, prostituta ou se casar com um homem e ter filhos – tropeçou em uma forma altamente eficaz de reduzir o risco de declínio demográfico." Esse tipo de sociedade, ele acredita, vai nos salvar da extinção. "O patriarcado fez o estímulo de arrumar um marido e tornar-se mãe em tempo integral muito alto porque ofereceu às mulheres poucas alternativas desejáveis" (*freira* ou *prostituta*), o que, segundo ele, leva a uma melhor paternidade.

Longman não visualiza este sistema apenas para as populações islâmicas ou judaico-cristãs ortodoxas da América. São a Europa e o Japão, com suas taxas de natalidade drasticamente reduzidas, que, primeiramente, "através de um processo semelhante à sobrevivência do mais apto, serão adaptados a um novo ambiente em que ninguém pode confiar no governo para substituir a família, e em que um Deus patriarcal ordena os membros da família a suprimir seu individualismo e submeter-se ao pai". Em vez de um quadro vivo do inferno, Longman afirma que está conjurando uma imagem de nossa inevitável *salvação*. Esta, diz ele, é a forma como vamos começar a regenerar a nós mesmos e nosso futuro econômico.

O discurso sobre o equilíbrio entre a fertilidade e a prosperidade tem sido exclusivamente pró-natalista, normalmente saudosista, e, na minha experiência, quase nunca remotamente interessado em igualitarismo ou iniciativas políticas. Ainda assim, a relação entre a queda dos índices de natalidade e as economias em declínio não é ilusória. Vamos usar o Japão como exemplo, como Longman faz. Espera-se que a população diminua em um terço até meados do século. Hoje, por causa do grande número de idosos e a escassez de nascimentos, o país – o maior exemplo de riqueza no fim do século XX – entrou no que os acadêmicos japoneses chamam de a primeira "recessão de baixa taxa de natalidade". O exemplo tornou-se a história chave dos natalistas de pensamento econômico. O país é como uma versão hipercinética do resto de nós, culturas industrializadas, com uma população cada vez maior de adultos solteiros consumidos pelo trabalho e pela busca do prazer, atrasando o casamento e a fertilidade, reticentes sobre os custos pessoais da paternidade. Na Ásia, o Japão está na vanguarda da autonomia feminina. O país também tem mais filhos únicos do que quase qualquer outro lugar do mundo (Coreia do Sul e a República da China competem por este título).

Mas vale lembrar como essas escolhas são feitas. As pessoas assumem um compromisso sério em idades muito mais avançadas do que costumavam, dedicando seus vinte, e muitas vezes seus trinta anos à educação, à carreira, e à busca por um amor duradouro. Talvez esses parceiros comprometidos tenham vontade ter um filho, após o qual enfrentarão o mesmo dilema do resto de nós ao pensar em ter outro. Mesmo com acesso universal à saúde, apoio financeiro para famílias com crianças com menos de três anos e uma extensa rede nacional de creches financiadas pelo Estado.

Em uma pequena casa de chá em Tóquio, um editor de uma revista de música chamado Kotaro, filho único e pai de um filho único, me diz que podemos falar sobre economia e política o dia todo, mas que, no fim, este não é o ponto. Ele e sua esposa estão considerando um segundo filho, mas está profundamente dividido. Não porque ela teria que trabalhar mais para garantir um lugar na creche pública, ou porque isso significa que talvez ele tenha que procurar um emprego que pague melhor, talvez um que não se adeque perfeitamente aos seus cabelos longos e moletom largo com capuz. "O dinheiro não importa tanto. Acho que as pessoas fazem o que querem de qualquer maneira", diz ele.

O que Kotaro quer é ler histórias em quadrinhos com sua Hana, que está na primeira série. Atualmente, ela está obcecada por uma chamada *Blackjack,* sobre um cirurgião sem licença. Depois de um longo dia de trabalho e antes de uma curta noite de sono, ele e Hana se enroscam no sofá às voltas com contos sombrios sobre sintomas estranhos, apreciando uma arte macabra de órgãos humanos. Kotaro diz que ele e sua esposa nunca pensariam em ter outro filho para impulsionar a economia. Eu não consigo imaginar alguém fazendo isso.

Nos EUA, Longman e outros economistas populacionais articulam o mesmo medo: nossa prosperidade vai implodir, diz Longman, quando "a decrescente oferta de trabalho da América" atingir um ponto de crise que está se aproximando porque mulheres como eu estão produzindo menos futuros membros da força de trabalho. Eu acho que esse argumento será seriamente contestado pelo desemprego, mas já me disseram que eu tenho uma mente muito estreita. Estreita também é uma solução que exige mais crianças e mais mulheres abandonando o mercado para criá-las. Todas nós mulheres trabalhando em vez de cuidar de nossos filhos contribui para o crescimento econômico. Nós ganhamos um salário. Nós compramos coisas. Nós aumentamos o PIB.

Sem dúvida, quanto menos filhos tivermos, mais velha se tornará a nossa população. Em comparação com o adulto médio, as crianças custam vinte e cinco por cento a menos, e os idosos, mais do que vinte e cinco por cento a mais, principalmente por causa dos custos dos serviços de saúde. O que significa que o declínio da fecundidade pode dar um impulso à economia, como aconteceu aqui nos anos setenta e oitenta, mas após um tempo, contribui para o estresse econômico, quando haverá menos de nós para sustentar nossos avós. Isso é indiscutível. Os unigênitos chineses já aprenderam isso da maneira mais difícil em um país onde o Estado oferece pouco apoio familiar. Conforme os cofres da previdência social vão secando, estamos enfrentando uma história semelhante aqui.

Nicholas Eberstadt do American Enterprise Institute franze a testa com a "bomba do despovoamento" na Rússia – que perde três quartos de milhão de habitantes por ano –, mas diz que, mesmo que ela atinja os EUA, não enfrentaremos os mesmos tipos de problemas coletivos. "Não é como se nós não tivéssemos o capital social, o Estado de direito, o tipo de infraestrutura que nós no Ocidente consideramos um direito adquirido", ele me diz. Ele fala que não está nem tão preocupado assim com a Europa. É claro que, pelo menos quando se trata de apoio à família, a infraestrutura institucional da Europa faz com que a nossa, guiada pelos "valores familiares", pareça saída da legislação de um país em desenvolvimento.

Na Alemanha, o governo está debatendo, simultaneamente, medidas de austeridade junto com um projeto de lei para oferecer uma quantia adicional de 190 euros por mês para os pais que queiram contratar uma babá ou, se quiserem guardar o dinheiro, fornecer esse serviço. Ativistas vestiram *dirndls,* as roupas típicas da Baviera, e robes de *hausfraus* (donas de casa) para protestar contra a medida, uma vez que acreditam que ela ameaça amarrar as mulheres à maternidade em vez de incentivá-las a viver uma vida fora do ambiente doméstico no local de trabalho. Países com regimes de bem-estar social mais conservadores, como a Alemanha ou a Itália, veem menos mulheres em trabalhos assalariados após se tornarem mães – especialmente pela segunda vez – do que os sistemas mais liberais. As taxas de felicidade seguem o mesmo caminho, com os países social-democratas amparando os pais mais felizes do mundo.

"Social-democrata" não significa "socialista", significa uma estrutura capitalista comprometida a respaldar tanto a cidadania quanto a economia. Philip Longman e outros pensadores inclinados com suas ideias afirmam que a baixa fertilidade sufoca o capitalismo. Ele ressalta que, historicamente, "o capitalismo só floresce quando acompanhado pelo crescimento da população". O capitalismo em sua forma mais pura e ideológica é o mercado religioso do autointeresse. No entanto, muitas mulheres em todo o mundo vieram a entender que famílias maiores não estão necessariamente de acordo com seu próprio autointeresse.

A maioria de nós tem rejeitado a oposição entre a mãe e a profissional assalariada (assim como nós há muito fazemos com o *freira contra prostituta*). Talvez esses economistas alarmistas possam um dia também rejeitar o capitalismo contra o socialismo, para que nosso sistema possa amparar a todos, não apenas *pater familias*.

8.

O MANDATO FRUTÍFERO

Americanos têm filhos suficientes para manter uma taxa de "compensação de fertilidade" numa média de 2,1 crianças por mulher. De qualquer forma, essa média nacional é relativa. Isso porque o número de americanos religiosos com famílias numerosas cancelam, estatisticamente, os laicos que têm de zero a dois filhos. Americanos que frequentam a igreja têm uma média de meio filho a mais. E essa não é uma pequena parte da população: sessenta por cento dos americanos diz que a religião é "muito" importante para eles (compare isso com, digamos, a França, onde para o mesmo caso o número é cerca de dez por cento, muitos dos quais estarão em breve no cemitério da igreja). A fertilidade mais elevada dentre aqueles que são fiéis mantém nossos números globais estáveis, assim como, em climas mais liberais, a população diminui.

Invisivelmente, a fertilidade na América surgiu como uma linha divisória nas guerras culturais. Durante a eleição presidencial de 2004, as taxas de fertilidade nos estados que votaram em George W. Bush eram doze por cento maiores do que em estados que apoiaram John Kerry. Condado por condado, a correlação entre o tamanho da família e inclinação política era ainda mais forte. Considere os estados com a menor fertilidade: Nova York, Massachusetts, Connecticut, Rhode Island, Califórnia e Vermont. Fertilidade mais alta: Arkansas, Oklahoma, Utah, Kentucky, Mississippi, Virgínia Ocidental. A divisão Estado Vermelho *versus* Estado Azul que se estabeleceu durante a administração de Bush usa a fertilidade como maior fator diferencial entre as regiões. Nas regiões costeiras somos como a Europa, e no meio somos como de uma época anterior.

As duas Américas enfrentam o mesmo desafio: paternidade sem o apoio do Estado. Os que não frequentam a igreja enfrentam essa situação tendo um filho apenas, ou nenhum. E os religiosos o fazem dependendo dos recursos que a comunidade religiosa lhes provém. Assim, existem dois sistemas, povoados por cidadãos que se inscrevem em duas filosofias radicalmente diferentes sobre nada menos do que o sentido da própria vida. Alguns de nós mapeiam as vidas pela obediência a um poder superior, residindo em comunidades organizadas para apoiar e perpetuar a crença, enquanto outros habitam um mundo menos baseado na religião. Mas esta separação é relativamente nova em nossa história.

O mundo das famílias menores é um "novo regime governado pela escolha individual", substituindo "uma forte estrutura normativa com base em uma ideologia familiar apoiada pela Igreja e pelo Estado". Assim escreve o demógrafo e teórico social Ron Lesthaeghe, filho único e autor de uma teoria importantíssima chamada Segunda Transição Demográfica. Junto com o colega Dirk van de Kaa, Lesthaeghe introduziu este conceito em 1986, em um jornal holandês de sociologia. A Primeira Transição Demográfica define a modificação de altas taxas de natalidade oferecidas pelo avanço médico e industrial – a mudança dos dez irmãos da minha avó para os dois irmãos da minha mãe. A primeira redução de massa na fertilidade pode ser entendida de forma explícita em termos de tempo e dinheiro, com o aumento dos padrões de vida, o emprego, o crescimento econômico e os valores materiais. A segunda, no entanto, nasce de uma batalha de ideias. Trata-se de nossas mentes, nossas almas, a nossa redefinição do sentido da vida.

Lesthaeghe sustenta que as nossas necessidades mudaram conforme a civilização avançou e a industrialização atribuiu a maioria das preocupações de subsistência ao passado. Já não nos preocupamos com a mortalidade infantil e a violência do clima. Em vez disso, nosso foco mudou para as necessidades de ordem superior descritas por Maslow, ou o que nós exigimos que a ordem inferior precisa – segurança física e financeira são atendidas. Individualistas e expressivas, essas necessidades de ordem superior essencialmente representam autorrealização: a criatividade, a espontaneidade, a confiança, o sucesso.

"O pior de executar o dever do outro era a aparente incapacidade de fazer qualquer outra coisa", escreveu Edith Wharton em *A época da inocência*, seu romance de 1920 que questionava o poder monomaníaco do casamento e da família. Na verdade, os anos vinte abriram a porta para questionar tal dever e definições. Em vez do dever de ponderar, o espírito da época dizia aos seus habitantes para esquecer seus problemas e *viver*. Isso até a crise de 1929. Este fato nos faz perceber que pode haver alguma hipótese que explique o porquê da queda da fertilidade, que despencou internacionalmente e fez o número de filhos únicos atingir um pico na década que se seguiu. A crença comum diz que os pais optaram por limitar radicalmente o tamanho da família por causa da economia. Certamente, a Grande Depressão foi um sumidouro que puxou o mundo industrializado para suas profundezas, e sabemos que, quando o mercado de ações cai, o mesmo acontece com o número de bebês nascidos. Este foi certamente o caso quando a renda caiu entre quinze e cinquenta e oito por cento para famílias entre 1929 e 1933, o que inclui os ganhos das mulheres que se dirigiam ao mercado de trabalho pela primeira vez durante aqueles anos.

Mas a Segunda Transição Demográfica explica o aumento de solteiros e casais que optaram por não ter filhos, não apenas como uma resposta econômica, mas filosófica. É o resultado da secularização generalizada, da educação e do liberalismo, da busca da liberdade pessoal como um propósito de vida. Hoje, diz Lesthaghe, a motivação para a baixa reprodução é conseguir uma maior satisfação na vida adulta, como pai ou não, que surgiu como "a expressão de sentimentos laicos e antiautoritários de homens e mulheres mais instruídos que sustentavam uma visão de mundo igualitária", escreve ele.

Como vários demógrafos têm afirmado, tais como Jan van Bavel em *Population Studies* (Estudos populacionais), a crise econômica foi apenas uma das razões para o aumento de filhos únicos durante a Depressão. A modernidade foi uma causa tão certa quanto o dinheiro. Os turbulentos anos trinta surgiram a partir dos decadentes anos vinte, afinal. A busca pelo prazer havia se tornado um passatempo, quando as pessoas podiam pagar, e a autorrealização, uma nova prioridade. A Época da Inocência havia acabado. O casamento sem amor (estou olhando para você, Newland Archer) era cada vez mais desprezado. Os papéis dos gêneros começaram a mudar e, com eles, o custo das crianças começou a aumentar. Nos EUA e no exterior, as mulheres começaram a trabalhar fora, elevando os custos de ficar em casa. A identificação religiosa diminuiu e, com ela, a noção de dever familiar absoluto.

Apesar da base inteiramente racional para parar em um só – seja porque *não podemos ter mais* ou porque *não queremos mais* –, a vanguarda repentina de famílias de um único filho foi tratada com desconfiança, como uma aberração temporária e lastimável. Esta, como você deve se lembrar do estereótipo emergente do pai egoísta, foi a época em que as mães de filhos únicos foram chamadas de "simuladoras deliberadas", como se faltasse a "coragem" para se reproduzirem novamente para o bem da sociedade. Um desprezo coletivo surgiu tanto para as mães que trabalhavam como para as famílias que procuravam ajuda do Estado. Em seu vasto estudo baseado na Califórnia com famílias da Era da Depressão, Glen Elder cita assuntos que levantam questões como "algo está errado com um homem que não consegue sustentar a família", mesmo em tempos tão terríveis. As mulheres devem ficar em casa, tendo filhos e cuidando deles, e "ser o exemplo da família como um recurso adaptável em tempos de dificuldade econômica", não importa o custo, escreve Elder. E assim, apesar da nova prevalência da família de um único filho, a noção de dois tipos de famílias – as normais, com ambos Dick *e* Jane, e as anormais, com apenas uma coitada de uma criança – permaneceu incontestável.

Vinte anos depois, o baby boom do pós-guerra reverteu esse declínio reprodutivo e trancou as janelas contra os ventos do radicalismo que haviam se reunido em uma ameaça global. Mas, apesar de uma nova espécie de conservadorismo, continuamos a marcha em direção à transformação familiar. O divórcio, a vanguarda dos anos cinquenta, permaneceu como desafio legal e cultural da moralidade da Igreja que havia sido imposta pelo Estado. Em seguida veio a pílula, o aborto legal, a aceitação em massa do sexo não procriativo. Levou menos de um século para que as definições milenares do que era uma mulher, o que era uma mãe, o que era a vida fossem revertidas. Por um período, Anne Roiphe e T. Berry Brazelton distribuíam agressões verbais para qualquer mulher que tentasse estabelecer seu território e parar no primeiro filho. Foi a época em que *I Am Woman* de Helen Reddy chegou ao topo da parada da Billboard, e Susan Brownmiller tornou-se a "Mulher do Ano" da revista *Time*. Em meados dos anos setenta, a natalidade total na América caiu para a marca de 1,8 filhos por família e manteve-se lá durante a década de oitenta.

Mas então veio a reação. Depois que a Emenda de Direitos Iguais não foi aprovada em Washington e a Coalizão Crista começou a se fortalecer, a tradicional mãe-de-dois-ou-mais foi deificada mais uma vez. As mulheres que se juntaram aos números rapidamente crescentes de fiéis fervorosas começaram a ter mais filhos. Aqueles que permaneceram laicos preenchiam esse espaço com outras atividades – fomentavam seu desejo de viajar e sua curiosidade intelectual, se inscreviam em programas de graduação e procuravam um romance satisfatório. Essa “deriva maslowiana”, como Lesthaeghe chama, “está agora atingindo a saturação”, na América laica e na Europa não muçulmana. Ao longo do último meio século, americanos não religiosos rejeitaram a retidão da Igreja e do Estado, com conceitos rígidos de família no topo da lista. Mas os fiéis correram para outra direção, entrincheirados em noções antigas de família como a pedra fundamental de Deus e do país.

Lesthaeghe descobriu que o que ele chama de variáveis da Segunda Transição Demográfica – ou seja, o adiamento do casamento e da paternidade, o apoio à união gay e ao direito ao aborto – tornaram-se o melhor indicador da política de uma pessoa neste país. Essa correlação se estende muito além dos hábitos de voto por níveis de renda e educação. Foi o estudo de Lesthaeghe de 2009, publicado na *Population and Development Review*, que desenhou as linhas de Estado Vermelho-Estado Azul na América, em termos de tamanho de família. Por que nós temos dinheiro, indústria, democracia e ainda mais bebês do que qualquer outra nação desenvolvida tem sido entendido como a “excepcionalidade” da fertilidade americana? Lesthaghe acreditava que a razão deveria ser classificada como “bipolaridade”. “O que torna os Estados Unidos particularmente interessantes no contexto ocidental em geral”, diz ele, “é que a direita conservadora e religiosa é vocalmente aberta na luta contra os valores da Segunda Transição Demográfica”, organizando-se contra a paternidade planejada, forçando o fechamento de clínicas de aborto na tentativa de ilegalizar a escolha e agora demonizando a contracepção. Como ele observa, nada parecido aconteceu na Europa, no Canadá ou na Austrália.

Nos Estados Unidos, a nossa bipolaridade só reforça nosso excepcionalismo. À exceção de um único fator, diz Charles Westoff, demógrafo de Princeton, que dedicou grande parte de sua carreira à compreensão da relação entre fé e fertilidade, “conforme as sociedades vão se tornando mais laicas, o status da mulher muda, as opções de vida crescem, o valor individual aumenta e a fertilidade e o crescimento populacional caem". Americanos são um exemplo disso, "fecundo a ninguém", como Ben Wattenberg escreve em seu livro *Fewer* (Menos).

E assim, enquanto a fertilidade continuou a cair na Europa, ela teve uma subida constante nos Estados Unidos – trinta e quatro por cento mais elevada do que no Velho Continente. A União Europeia deu aos seus cidadãos pouco férteis creche gratuita. Nós demos aos Duggars e suas então dezessete crianças um programa de televisão. E assim temos uma América com os valores e taxas de natalidade do mundo desenvolvido e outra com os valores e as taxas de natalidade de uma sociedade da qual evoluímos gerações atrás. Infelizmente, ambas as Américas têm a mesma política familiar.

A Highway 76 atravessa Branson, uma pequena cidade no Ozarks que ficou famosa pelos teatros iluminados por neon que margeiam o asfalto, onde shows de música gospel e doo-wop são realizados diariamente para os turistas que fazem do destino de ônibus o número um na América. A maior parte dos espetáculos que figuram aqui são especializados em performances tipicamente americanas, louvando a Deus sob luzes vermelhas, brancas e azuis. Vocalistas cantam sucessos inspiradores na frente de telas gigantes com bandeiras americanas gloriosamente agitadas e cowboys ajoelhando-se ao lado de seus cavalos. Grande parte dos artistas apresentam números com suas famílias superdimensionadas. Eles se relacionam como bons irmãos, alternando canções da Motown com hinos de temática nacionalista sobre sentar-se no colo do pai observando os vagalumes. Durante o intervalo do show dos oito irmãos que integram o grupo The Haygoods, eu escuto uma mulher que estava no público se aproximar do pai e empresário, que usa grandes armações de óculos de ouro e uma nuvem de spray de cabelo. "Como você pagou aulas de música para todas essas crianças lindas?", ela pergunta, espantada. "Nós não pagamos, o Senhor oferece", ele responde com reverência. Ela cobre o coração com a mão e os olhos se enchem de lágrimas de admiração.

Claro, ninguém enxuga os olhos com um lenço vermelho, branco e azul quando ouve histórias como a minha. *Você se estabeleceu em Nova York, tornou-se escritora, se casou com um fotógrafo, recusou-se a desistir de suas próprias ambições, viveu a vida de acordo com seus próprios termos e prazeres, e tornou-se mãe? Como você fez isso?* Muitas vezes eu me pego pensando em um episódio de *Sex and the City* quando a solteira Carrie Bradshaw reflete tristemente sobre todos os chás de bebê, festas infantis e casamentos a que ela compareceu, todos os presentes que foi obrigada a comprar e a energia que ela teve que dedicar parabenizando pessoas que se deslocam ao longo do curso de vida tradicional. Estes são os momentos narrativos que reverenciamos, sempre bajulando o próximo bebê, e necessariamente tem que ser assim, uma vez que não se pode celebrar um não evento como a escolha de não se reproduzir.

O emblema de "coragem pioneira" preso sobre as escolhas que levam à fecundidade não é uma aberração de um século de idade. Em um debate governamental de 2011, os candidatos competiram, sem fôlego, sobre quem tinha a maior família: Mitt Romney com cinco filhos, Rick Santorum com sete ou Michelle Bachmann, com vinte e três filhos adotivos. Ron Paul ainda tentou levar a melhor lhes contando o número de bebês que havia trazido ao mundo como obstetra. O jogo era para ver quem poderia ganhar em ser mais americano, americano significando *família*. Famílias grandes são elogiadas ao púlpito, ao pódio, e em toda a cultura popular. Enquanto isso, a implicação se desenrola em silêncio: há duas histórias de família, uma patriótica e venerável e outra egoísta e suspeita.

Na Universidade Duke, Philip Morgan tem atentado para o controle apertado que a fé tende a ter sobre a fertilidade americana. "Nós aprendemos desejos", ele diz. "Tendemos a contar histórias que são culturalmente aceitáveis para justificar nosso comportamento." Uma história pode explicar claramente o motivo de pessoas religiosas quererem ter mais filhos e seguir esse plano. Essa história pode ser entendida como simplesmente obedecer à diretriz bíblica de Genesis 1:28 – *Crescei e multiplicai-vos*.

Na beira de uma estrada rural em Colúmbia, no Missouri, Steve e Karma estão criando os seus cinco filhos, uma recentemente adotada. Seus filhos não estão autorizados a utilizar a internet (uma fonte de constante disputa) e não podem assistir aos filmes que seus amigos cristãos exibem em festas do pijama. Mas Karma, uma enfermeira que trabalha em salas de emergência, diz que, "com certeza, a Bíblia diz para sermos frutíferos e multiplicarmo-nos, mas você tem que considerar o contexto do que Deus está pedindo que você faça". Ela revira os olhos para a ideia de outro filho. Ainda assim, durante dois meses, eles oraram sobre a possibilidade de adotar Caroline e sentiram-se guiados por Deus para fazê-lo. Eles haviam recentemente adicionado dois quartos à sua casa de três e havia bastante espaço na sala para mais um par de pernas em um uniforme de escola cristã (as crianças são educadas em casa em meio período), mas o custo ainda era grande. Como Phillip Longman, autor de *The Empty Cradle* (O berço vazio) me diz: "De fato, não é economicamente racional ter filhos. Então, quem os tem? Pessoas que não são economicamente racionais. Tem que haver uma força dizendo-lhes para fazê-lo, na sua cabeça."

"Nós acreditamos que cada vez que tivermos outro filho, Deus fará com que tenhamos o que precisamos", diz Steve, um contador. De fato, foi a igreja que lhes proveu, com roupas de segunda mão, ajuda para cuidar das crianças e a coragem. "Nossa igreja é nossa rede familiar. Se eu não tivesse a minha fé, esse não seria o meu foco. Minha vida gira em torno da igreja e da família." Passei mais de uma década entrando e saindo de comunidades evangélicas – como jornalista – e já ouvi frases como essa mais vezes do que posso contar.

Mas houve um tempo, não muito tempo atrás, quando mesmo entre os crentes a vida familiar não exigia esse nível de imersão na igreja. Em vez de chamar uma comunidade de crentes de uma "rede familiar", as pessoas costumavam ter uma rede familiar de verdade. Três gerações reunidas no pórtico da cozinha, em volta da mesa – e os pórticos de todos, as cozinhas e mesas, tudo sempre por perto. A família era o tipo de ajuda que agora você tem que contratar. A menos que, como Karma e Steve, você tenha uma igreja para fornecê-lo com babás, roupas e objetos de segunda mão, além de cheias travessas de comida marcadas com a caligrafia de outras mulheres. Por que alguém lutaria por uma política familiar diferente quando você tem tudo de que precisa em uma comunidade restrita que seleciona seus membros – e os ajuda?

Esta é a cultura não só para os evangélicos, mas para uma parcela enorme da população hispânica dos Estados Unidos, onde filhos únicos são uma anomalia. De fato, enquanto a nossa natalidade total pode pairar um pouco acima de 2,1, quando você subtrai as mães latinas esse número cai para 1,7. Em Austin, a maior diocese do grande estado do Texas, algumas igrejas estão recebendo oitocentos novos estudantes latino-americanos por ano para a escola dominical. Em sessões obrigatórias na preparação para o casamento e o catecismo, diáconos ensinam rigorosamente o planejamento familiar natural; o estado do Texas exonera a classe de sua taxa de licença de casamento. "Nós estamos vendo a população explodir aqui. Quatro crianças são as novas duas", diz Christian Gonzales, que dirige a Comunicação para a Diocese de Austin. "As pessoas daqui não estão adiando ter filhos como em todos os outros lugares, pela faculdade ou pela carreira. Após o colegial, é hora de se casar e ter filhos", ele me diz. Perto dali, na igreja paroquial de Dolores, a avó Raquel, de peito amplo e unhas vermelhas, reúne sua família todos os domingos. De seus nove filhos, todos se tornaram pais. "Quando eu vou dormir à noite eu abençoo a cama de todos", diz ela. "Eu preciso de uns bons vinte minutos." Ela me diz que acredita que, como sua mãe lhe ensinou, e como ela tem tentado transmitir aos seus próprios filhos, quanto maior a família, mais feliz ela é. Quando eu lhe digo que eu sou filha única, ela solta um muxoxo e balança a cabeça.

Brad Wilcox, que dirige o Projeto Nacional de Casamentos, concorda com ela. Aos quarenta anos, ele já é pai de oito filhos. Wilcox apresentou recentemente as suas próprias descobertas que desafiam a pesquisa que declara que as famílias são mais felizes com apenas uma criança. Ele aprendeu que a felicidade da família cai em um gráfico curvilíneo, onde nenhum ou um filho podem obter classificação elevada, mas o mesmo acontece com as famílias com cinco ou mais filhos. "Esses pais e mães de famílias numerosas são, em parte, mais felizes porque encontram mais sentido na vida, recebem mais apoio de amigos que compartilham de sua fé, e têm uma fé religiosa mais forte do que os seus pares com famílias menores", escreve ele. Sua pesquisa recente para o Projeto Nacional de Casamentos descobriu que os pais de famílias grandes têm duas vezes mais probabilidade de frequentar serviços religiosos regulares do que os pais com famílias pequenas. "Homens e mulheres religiosos se sentem chamados por Deus ou incentivados por suas redes religiosas de amigos e familiares a ter grandes famílias", explica ele no relatório.

Sem essa fé, seus gráficos nos dizem, as famílias maiores, na verdade, não são mais felizes. Imagine o que Steve e Karma fariam sem a ajuda que sua igreja tem dado a cada uma das cinco vezes que eles trouxeram uma nova criança para sua casa, cada vez mais lotada. Eles não podem. "Sim, claro! Seria impossível", diz Karma. Nos EUA, as instituições religiosas e suas comunidades desempenham um papel semelhante ao do Estado na Europa. Se você é um fiel, há uma boa chance de fazer isso funcionar para você. Mas e se você não é? Sem fé "em Deus e na família", como é tantas vezes entoado neste país, você está simplesmente fazendo um voo solo.

É fácil ver como criar um filho único dentro de uma comunidade religiosa tornou-se um ato excepcional e assustador. Joanne, uma maquiadora devota de Parsippany, Nova Jersey, sabe disso muito bem. Depois que teve Ruth há treze anos, ela simplesmente não conseguia conciliar sua vida com um segundo filho. "Foi muito difícil", ela me diz. "Eu me senti mal. Claro, foram minhas próprias inseguranças, mas você sabe, você passa a vida inteira ouvindo e crendo, *mais crianças, mais glória a Deus*." Ao longo dos anos, Joanne entendeu. Diz ela que "foi o propósito de Deus ter me dado um filho, para que eu pudesse ajudar os outros".

Nas comunidades religiosas, essa defesa é comum: a escolha de parar em um como uma manifestação do que muitos cristãos chamam de "plano perfeito de Deus". Uma mãe evangélica chamada Leslie, em Amarillo, Texas, diz que seu filho de dez anos de idade, Bryar, é o que "Deus quis que nós tivéssemos e o único que queremos". Leslie demorou anos para conceber, o que ressaltou a natureza escolhida de Bryar. Mas ela também é totalmente assertiva sobre não ser capaz de sustentar outro filho. Bryar pratica quatro esportes, e "já é caro", diz Leslie. "Esqueça faculdade, seguro e carro. Imagine se nós estivéssemos indo para o dobro de eventos esportivos, comprando o dobro de uniformes e tênis", ela me diz. "As pessoas por aqui pensam que somos loucos. Mas, para falar a verdade, se por algum motivo estranho eu engravidasse acidentalmente, eu ficaria devastada." É claro que para Leslie, pelo menos teoricamente, e, certamente, publicamente, o aborto não seria uma opção.

"Você percebe", minha mãe comenta uma tarde enquanto estamos cozinhando em sua cozinha, "o que está realmente dizendo quando você considera se comprometer com um único filho".

"O que você quer dizer?", eu pergunto, intrigada.

"Você está falando sobre a formação de sua própria política pessoal sobre o aborto. Você está falando sobre o que significa ter um filho único se você está grávida de outro."

Ela está certa. Mas eu nunca tinha pensado nisso nesses termos antes. Assim como você pode ser pró-escolha e ter vários filhos – e muitas pessoas são – você pode ser antiaborto e inflexível quanto a só desejar um filho. Mas esse cálculo só se transforma em um verdadeiro conflito se você se encontrar acidentalmente grávida de outra criança. Nesse momento, você tem que decidir o que é maior: sua aversão à interrupção da gravidez ou o seu desejo de dizer que uma criança é suficiente.

Certamente, desde que Dahlia nasceu, tem havido muitas menstruações atrasadas, muitas noites sem dormir sussurrando debaixo das cobertas com Justin "e se?", discutindo a possibilidade de aborto quando o sol nasce, aguardando o som dos passos de Dahlia anunciando sua chegada ao nosso quarto. Minha própria ambivalência sobre a possibilidade de ter outro filho não foi testada na realidade, pelo menos ainda não. Eu me pego imaginando as noites insones da minha mãe, a elaboração das listas dos prós e contras, formando sua própria opinião.

Como uma mãe com a abordagem *um e acabou*, apenas a menopausa vai aliviar a ansiedade do que significa engravidar novamente por acidente. Antes de ter Dahlia, o aborto me parecia uma escolha difícil e que eu tive a sorte de nunca enfrentar. Mas residia em um âmbito teórico, de ética, um dos caminhos imaginários não tomados. Apenas depois de testemunhar o que esse conjunto de células pode se tornar, não apenas como uma criança abstrata, mas aquela cujo nariz eu beijo e cujo desenvolvimento constante me fascina constantemente, eu tenho uma relação com o que o meu próprio aborto poderia verdadeiramente significar. Para aquelas de nós que são firmes ao optar por parar em um, ou lutam a favor dessa escolha, isso representa um verdadeiro dilema. Não é um dilema de direitos ou de ética universal, mas um dilema que obriga o amor tátil e intenso que sinto por minha filha duelar com a escolha racional de parar em um.

E eu me pego pensando que, se eu tivesse que optar por abortar como mãe, seria estigmatizada como uma Medeia pré-natal pela minha decisão. Não é assim. Todos os anos, desde 2008, quase *três quartos* das mulheres que procuraram pela Federação Nacional de Aborto querendo interromper uma gravidez já são mães, a presidente Vicki Saporta me diz.

Há 35 anos Anne Baker tem orientado as mulheres da região de St. Louis que buscam o aborto (durante esses anos, Anne atendeu diversas mulheres que já haviam protestado na frente de sua clínica). Ela diz que o número de mães que entram em seu estabelecimento aumentou consideravelmente desde a crise econômica, e especialmente desde a recessão de 1970, quando ela começou. Baker montou uma lista de vinte e cinco razões que as mães geralmente dão para justificar porque sentem que não podem ter outro filho, com a noção de que existem tantos contextos para esta decisão quanto mulheres lutando para tomá-la. Mas, cada vez mais, as mulheres dizem que escolhem interromper a gravidez para proteger a família que elas já têm. Na maior parte das vezes é uma escolha econômica. Baker também observou um setor crescente de mulheres como eu, que são "menos apologéticas a respeito de serem boas mães e que, para continuarem sendo boas mães, optam por ter um filho só".

"Quanto menos no controle da sua vida a mulher estiver, mais apoio público ela vai ter no seu direito de fazer essa escolha", a ex-presidente da Planned Parenthood Gloria Feldt me diz. "Quanto mais ela está no controle de sua vida, afirmando que esta é a vida que escolheu, menos as pessoas vão apoiá-la." Mas ninguém parece surpreso por haver um grande aumento nas taxas de aborto cinco a nove meses após a perda de empregos. Você poderia argumentar que a escolha está sendo forçada por um poder superior (um chefe, uma empresa, uma conta bancária), em vez de seu próprio desejo. Mas e alguém como eu, que poderia lidar com outra criança se escolhesse ir para um CEP menos caro e tentasse conseguir um emprego com um salário mais estável? "É escandaloso para as mulheres brancas como você e eu", diz Jennifer Baumgardner, que escreveu o livro *Abortion and Life* (Aborto e vida). E pouco importa de que lado da fé você reside.

A escolha de ter um único filho se tornou ainda mais complicada depois que os médicos que realizam a fertilização in vitro perceberam que ao implantarem vários embriões no útero de uma paciente maiores eram as taxas de sucesso. A probabilidade de engravidar de gêmeos aumentou e foi criado um novo dilema: ter apenas um depois de engravidar de dois ou três. Quando Ruth Pawdawer escreveu sobre o que chamou de "gestação dois-menos-um" para a *New York Times Magazine*, ela relatou que os médicos aconselham as pacientes a manter em segredo a sua decisão de reduzir a gravidez a um só feto. Como procedimentos de fertilização in vitro subiram rapidamente em resposta à cada vez mais comum reprodução tardia, a redução seletiva ainda é rara, mas está em ascensão.

Amy Richards é alguém que não seguiu os conselhos de manter em segredo a sua decisão. Ela publicou um relato pessoal na mesma publicação sobre sua escolha de abortar dois dos seus trigêmeos. Richards vivia em um prédio de cinco andares sem elevador, estava à beira da falência, e totalmente comprometida com o desenvolvimento de sua carreira como escritora e ativista. Filha única, ela é uma das fundadoras da Fundação Third Wave e defensora do direito ao aborto. A escolha fez todo o sentido para ela ter apenas um filho (na época, desde então ela teve outro) quando estava grávida de três. Mas não subestime o quanto isso é difícil.

Em Seattle, uma mulher chamada Ariel, quarta geração de filhos únicos, fez uma escolha muito diferente da de Richards, mas tão difícil quanto, quando confrontada com a questão de gêmeos. Ariel também é pró-escolha, mas nunca quis lidar com a redução seletiva apesar do fato de estar completamente empenhada em ter apenas um filho. Quando ela teve dificuldade para engravidar e iniciou o processo de fertilização in vitro, fez uma escolha difícil. Ela pediu ao médico para implantar não dois embriões, como é o procedimento típico, mas apenas um. "Olha, a fertilização in vitro é horrível. Deus a abençoe por existir, mas é uma experiência terrível", ela me diz. "Eu estava disposta a arriscar para ter certeza de que se funcionasse, funcionaria uma única vez. Eu não ia ter dois filhos, e eu não queria ter que fazer a escolha uma vez que já tivesse acontecido." Funcionou. E se não funcionasse, ela estava preparada para passar por isso outras vezes, sempre com apenas um embrião, até que desse certo.

Sua estratégia pode ter sido bastante particular, mas a decisão de Ariel de parar em um não é incomum entre os filhos únicos. Lembra-se de toda a intensidade, toda a participação em uma pequena sociedade livre da diversidade e muitas vezes cheia de dogmas familiares? Segue-se que as crianças tendem a repetir as escolhas de seus pais, especialmente quando se trata do tamanho da família. Em 1981, Denise Polit publicou um artigo sobre as escolhas de vida de filhos únicos adultos. Suas intenções de fertilidade, ela percebeu, tendiam para a opção de filhos únicos (além disso, filhas únicas eram muito menos propensas a pensar que a decisão de trabalhar ou quantos filhos ter era de seu marido). E Polit descobriu que apenas *quatro por cento* dos filhos únicos se enquadram na categoria de pessoas que dizem que a religião tem um papel muito importante em suas vidas. "É a qualidade única de ser um só", escreve ela, "o que contribui para famílias menores e maior laicidade".

Em outras palavras, aqueles de nós que se guiam mais pela teoria da Segunda Transição Demográfica tendem a ser frutos de famílias pequenas e fazem de tudo para limitar o tamanho da sua própria família. Podemos entender porque alguns pensadores dizem que estamos extinguindo a raça.

Os números valem tanto quanto uma profecia para Eric Kaufmann, autor do livro *Shall the Religious Inherit the Earth?* (Irão os religiosos herdar a Terra?). A baixa fertilidade entre os liberais menos religiosos e a alta fertilidade entre os fiéis conservadores resultará no fim do processo de secularização. Quanto mais as pessoas herdarem valores patriarcais, a fé na expansão da família, mais elas vão determinar o caráter do mundo. Kaufmann prevê que as guerras culturais em curso, a nível mundial e nos EUA, não serão ganhas através de batalhas verbais de pregação ou política, mas através de um concurso de berços. Como ele me disse: "A demografia molda essas grandes questões culturais. Ela opera como juros compostos."

Senhoras e senhores de uma determinada estirpe, preparem-se para se encontrarem em desvantagem. Não vai acontecer amanhã. Mas, de acordo com as suas projeções, gerações irão olhar para trás para essa coisa chamada liberalismo secular e jogá-la na mesma pilha do Zoroastrismo e Maniqueísmo. Ele aponta que essa não é a primeira vez que vemos a demografia reformular as crenças do mundo: uma pequena minoria de seguidores de Jesus Cristo exibiu desproporcionada alta fertilidade ao longo dos séculos, até que seu movimento marginal tornou-se a fé da maioria do Ocidente. Como Walter Russell Mead escreveu na *National Interest*, a Europa nativa parece ter "perdido a vontade biológica de viver". O teólogo britânico David Hart fez notar, embora de forma dramática, que é "bastante óbvio que há alguma ligação direta e indissolúvel entre a fé e a vontade por um futuro", tal como expresso na produção de herdeiros para deixar um legado familiar – e religioso.

"Seus evangélicos e hispânicos são os nossos muçulmanos", Ron Lesthaghe ri enquanto toma um café, "e todos nós, livres-pensadores, temos demografia suicida". Na verdade, a Bíblia e o Alcorão são dois textos pró-natalidade. Assim como os pastores invocam Gênesis 1:28, da mesma forma o primeiro-ministro turco disse a seus seguidores para terem mais filhos, porque "Allah o quer", acrescentando que a contracepção é "traição". Enquanto a taxa de natalidade dos cristãos conservadores e hispânicos pode ser significativa nos Estados Unidos, na Europa, o fluxo e alta taxa de reprodução dos muçulmanos tornou-se um tema de grande debate, e para alguns, ansiedade. O Fórum do Centro de Pesquisa Pew sobre Religião e Vida Pública publicou recentemente um relatório sobre a população mundial muçulmana e projetou o seu crescimento na Europa para quase um terço nos próximos vinte anos, de 44,1 a 58,2 milhões, aproximando-se de porcentagens de dois dígitos dos habitantes em vários países.

Kaufmann diz que essa alta taxa de natalidade está relacionada com a religião ortodoxa. Ele descobriu que as mulheres comprometidas com a *sharia* têm, em média, o dobro de filhos que as mulheres muçulmanas que não vivem pela lei islâmica. No entanto, enquanto esses números representam médias significativas, são simplesmente isso: médias. O mundo muçulmano é muito diversificado, e isso é tão verdadeiro para a fertilidade como para qualquer outra coisa. No Níger, por exemplo, as mulheres têm uma média de mais de sete filhos; na Bósnia esse número gira em torno de um (basta comparar a esterilidade de Sarajevo, que está sendo tratada como uma epidemia, com os vinte e sete filhos do falecido Osama bin Laden e os cinquenta e três de seu pai).

Ninguém é mais provocativo do que Longman, que escreveu em *The Empty Cradle* que "o futuro pertence àqueles que rejeitam mercados, rejeitam a aprendizagem, rejeitam a modernidade e rejeitam a liberdade". Longman dificilmente mede as palavras quando eu pergunto o que ele pensa sobre as projeções de Kaufmann e da noção de que o nosso futuro será um mundo de conservadorismo religioso ditado por quem faz a maioria dos bebês. "A maioria das pessoas na sociedade moderna é completamente laica, e as taxas de reprodução estão abaixo das taxas de substituição, sendo um caminho para a extinção", diz ele. "Acontece que a disparidade é enorme, ficando cada vez maior, sem precedentes", e, indo um passo além do que Kaufmann, ele acrescenta, "a influência sobre a próxima geração é esmagadora". Isso significa nada menos, ele escreveu em uma coluna do *USA Today*, "que a morte do conhecimento".

Ron Lesthaeghe acredita que esses sistemas dogmáticos enfraquecerão ao longo do tempo. Ao contrário do ponto de vista de Kaufmann de um mundo habitado por islamitas, Hasidim e fundamentalistas cristãos e católicos, ele acredita que através da imigração, da educação e da modernidade o liberalismo secular vai sobreviver por meio do que chama de "a migração mental do religioso", e que, embora nós nunca vejamos o fim da religião, como o Iluminismo havia previsto, não será o fim dos dias para o dogma adverso, pelo menos não completamente. Mas ele admite que a matemática não mente: as chances são a favor do fértil, e os mais férteis são os mais fiéis. É simples assim.

"Meu desejo de defender os valores do Iluminismo e um futuro laico para o meu filho deveriam me levar a ter outro filho?", pergunto a ele. Ele olha para mim e ri. "Isso é adorável", diz ele. É claro que nenhum de nós, laicos, procriamos para mudar o mundo. Nós precisaríamos de fé para fazer isso.

9.

FOLHAS DE CHÁ

Em sua vida, Dahlia será responsável por 1,4 milhões de quilos de CO_2, 10,4 milhões de litros de água desperdiçados e mais de 3.175 quilos de resíduos de alimentos. Imagine se existissem duas dela. Ou três.

A cada dia o mundo se expande o equivalente à população de Toronto. Nossos números globais devem aumentar de 2,5 bilhões a 9,2 bilhões até 2050. Como o economista Jeffrey Sachs calmamente coloca em seu livro *A riqueza de todos*, "é gente demais para se absorver com segurança". Esta explosão afeta principalmente o mundo em desenvolvimento, onde os recursos naturais e a disponibilidade de alimentos estão desaparecendo. Mas em lugares mais ricos, como nos EUA e na União Europeia, os nossos números menos extremos já têm um grande papel na aceleração da morte da Terra.

Os países mais ricos, com vinte por cento da população global, são responsáveis por oitenta e seis por cento do consumo privado do mundo. Uma única criança hoje em uma nação industrializada vai acrescentar mais ao consumo e à poluição do que de trinta a cinquenta crianças nascidas em países em desenvolvimento. Cada bebê nascido nos EUA hoje vai jogar cerca de trezentas vezes mais dióxido de carbono para a atmosfera da Terra do que cada bebê nascido na Etiópia. E assim temos uma crise. É uma crise de números, uma crise de pessoas, uma crise do mundo rico e do mundo pobre, dos países desenvolvidos e dos emergentes.

Estou longe de ser uma ativista do Greenpeace. Quando me foi dada a oportunidade de comprar um carro híbrido, optei por um jipe. Eu muitas vezes me esqueço de levar a minha própria sacola para o supermercado. Eu odeio as lâmpadas fluorescentes que meu marido enroscou em todos os bocais. Gosto de comer carne. Mas quando eu me sinto culpada, penso no que o ambientalista britânico David Nicholson-Lord me disse: "Ter menos filhos é a maior, mais rápida, mais barata e mais fácil ajuda que alguém pode oferecer para aliviar a pressão humana sobre o planeta." E se uma família maior viver sob um código que restringe seu impacto, o máximo possível? Nicholson-Lord apenas sorri para a minha pergunta. "Não há como o impacto ser zero", diz ele. "Não há nem mesmo como o impacto ser próximo de zero. Essa é a realidade. Quanto menos crianças, menos impacto, ponto final", diz ele. Uma pessoa que não nasce não consome nada, não provoca estragos na Terra, não deixa uma possível pegada de carbono.

E ainda escritores como Ben Wattenberg, pesquisador do American Enterprise Institute, afirmam que há uma falha moral na escolha para conter o tamanho da família. "É irresponsável para a espécie se reproduzir menos? A vida humana tem um propósito. Os seres humanos podem optar por não ter filhos, ou por ter um filho, mas a espécie humana não tem essa escolha", ele escreve em seu livro *Fewer*. Não acredite nas projeções de natalidade da ONU, ele diz, nem no dogma "religioso" dos ecologistas. Assim como devíamos estar preocupados com as finanças e não com o feminismo, diz ele, devemos nos preocupar com a economia, e não com o meio ambiente.

* * *

Ainda mais chocante para mim do que o argumento de Wattenberg de que os seres humanos não têm o direito de limitar o tamanho de suas famílias é o fato de que para a maioria dos ambientalistas é quase blasfêmia falar de conter nossos números. Alan Weisman, autor de *O mundo sem nós*, fala sobre a superpopulação: "Eles se referem a isso como o terceiro trilho do ambientalismo." Um simples olhar na página de "questões" de qualquer grande site ambiental (exceto o Sierra Club, e nós vamos falar deles mais tarde) e fica clara a ausência de preocupação com o número de seres humanos que consomem e poluem na Terra. Pegue qualquer "guia verde" em sua livraria local, como *50 Simple Steps to Save the Earth* (50 passos simples para salvar a Terra) ou *Como reduzir a sua pegada de carbono*. Não há sequer uma sugestão de que talvez devêssemos ter menos bebês impressa em todas aquelas árvores. Ainda estamos debatendo papel ou plástico, em vez de pessoas.

É uma questão espinhosa. O movimento verde fez um grande trabalho ganhando influência por meio da noção de que pequenos passos centrados no consumidor podem salvar o planeta. Você não se sente virtuosa quando se lembra de levar suas sacolas para o supermercado (eu sei que eu me sinto)? Como David Nicholson-Lord me disse, o esforço verde está "cada vez mais empenhado em induzir culpa e sentimentos negativos entre o seu potencial público, advertindo-os sobre 'problemas'. Em certo sentido, o movimento virou vítima do fator do 'bem-estar'. Se as mensagens não são positivas e otimistas, as pessoas simplesmente param de ouvir e olham para o outro lado".

Apontar os perigos da superpopulação não é uma campanha de marketing vencedora. "Para os ambientalistas, focar na superpopulação é uma proposta fracassada, pois parece ser uma questão vazia e profundamente impopular que os faz parecerem pessimistas." Kevin Deluca, que escreveu um livro chamado *Image Politics: The New Rhetoric of Environmental Activism* (Política da imagem: a nova retórica do ativismo ambiental), diz: "A superpopulação, como muitos problemas ambientais, se desenrola de forma lenta e sem os recursos visuais dramáticos necessários. Como é que vamos ilustrar a superpopulação – com fotos de bebês bonitos?"

Discutir uma crise ambiental populacional evoca noções colonialistas e eugênicas, o controle sobre o estado dos nossos corpos e a erosão de nossas liberdades pessoais e direitos biológicos. Além disso, os economistas, historiadores e cientistas debatem se o consumo, já que se relaciona com o aumento populacional, é o verdadeiro vilão, se a tecnologia vai se desenvolver para resolver nossos problemas apocalípticos ou se um impulso econômico vai salvar o dia. O consumo superou a superpopulação como o demônio em nosso meio. É muito mais fácil de quantificar e controlar, com recursos visuais prontos; aterros sanitários provavelmente sendo o oposto de bebês fofos.

Assim como o historiador da Universidade de Colúmbia e autor de *Fatal Misconception* (Equívoco Fatal), Matthew Connelly, disse, o problema não são os 1,2 bilhões de consumidores na China; "são os trezentos milhões que querem viver como os americanos" que contribuem com trinta por cento dos combustíveis fósseis. Certamente não estou descontando as leis ambientais frouxas da China – apesar da política do filho único, sei que respirar em cidades chinesas hoje em dia é muito mais difícil do que era há cinco anos. E eu ainda nem visitei as cidades industriais.

Penso nos setenta brinquedos que uma criança americana ganha, em média, por ano. A grande maioria é fabricada nessas cidades industrias chinesas. E então eu olho para os meus próprios sacos de papel, estremecendo com o meu próprio consumo, e me pergunto se mesmo uma filha única era um luxo pessoal pelo qual o movimento deveria ter aberto a boca para discutir. O Greenpeace nunca fala sobre superpopulação, apesar do fato de a raça humana já ter se expandido cerca de cinquenta por cento desde que o assunto entrou em voga. Como um oficial de informação pública do Greenpeace disse quando eu pedi para que ele comentasse o assunto: "Nós realmente não temos ninguém preparado para falar sobre superpopulação. Eu não sei nem se nós, historicamente, tivemos uma posição a respeito."

A cegueira da população de hoje dentre tantos ambientalistas teria chocado ativistas da perfumada por patchuli na década de setenta, quando um grupo chamado Zero Population Growth (Crescimento Populacional Zero) foi organizado pela primeira vez. Conforme a ansiedade sobre o que era percebido como "controle de população" lentamente se espalhou através da cultura, o grupo mudou seu nome para o apelido bastante neutro Population Concern (Preocupação Populacional). Mas mesmo este nome provou ser muito carregado, e em 2003 eles limparam qualquer resquício de seu propósito inicial e se rebatizaram de Interact Worldwide (algo como Interação ao redor do mundo). Paul Ehrlich, o fundador original da organização, tem tanto a ver com o status de pária da população como qualquer outro. Sua previsão, que começa na primeira página do seu best-seller *The Population Bomb* (A bomba populacional),de 1968, era a seguinte: "Na década de setenta o mundo vai sofrer com a escassez – centenas de milhões de pessoas vão morrer de fome." Em vez disso, as pessoas tiveram mais comida do que nunca.

O pessimismo de Ehrlich foi acompanhado por uma reação em massa contra o assunto, enquanto os anos setenta passavam e a bomba não explodia. A escassez foi desviada pela chamada "revolução verde", uma série de iniciativas de pesquisa e desenvolvimento agrícola que produziu uma quantidade incontável de alimentos da terra (o que levou à nossa explosão populacional e à atual crise alimentar). "A população de uma espécie tende a aumentar para se equiparar à oferta de alimentos disponíveis", Alan Weisman assinala quarenta anos mais tarde. "Em vez de resolver a fome, tudo que fizemos foi gerar de quatro a cinco vezes o número de pessoas famintas", destruindo nosso solo e corrompendo nossa ecologia ao fazê-lo. Além disso, o debate sobre taxas de população certamente vai ser relacionado com o conceito de eugenia (quem tem o direito de se reproduzir?). O que com certeza pode parecer bastante ameaçador hoje, quando você pensa sobre todos os acadêmicos da Europa – aqueles demógrafos que começaram suas carreiras ajudando o mundo subequatorial a ter menos bebês e depois mudando suas pesquisas para convencer os cidadãos do norte a terem mais. Nossas menores e mais pálidas famílias consomem, frequentemente, dez vezes mais que as famílias escuras e, ainda sim, é a fertilidade deles que queremos controlada. E a nossa, aumentada.

Justine, que nasceu no início dos anos setenta de um casal de jornalistas ambientais australianos, sabe que sua falta de irmãos foi uma escolha articulada e baseada no bem-estar do planeta, e não da sua família. "Minha mãe e meu pai acharam que seria antiético colocar mais uma pessoa no mundo quando o meio ambiente estava tão ameaçado por seres humanos", ela diz. "Mas eu acho que isso é uma grande besteira. Acho que ela usou isso como desculpa. Se ela realmente se importasse tanto, ela teria mais de nós para que pudéssemos ajudar a proteger a Terra."

Justine acha que sua mãe teve medo de assumir seus próprios desejos, então os camuflou com o dogma progressista. "Ela se preocupava em não ter mais tempo para trabalhar, para viver sua vida. Claro, agora meus filhos são a minha vida, mas eu sei que os dois serão criados para fazer diferença no planeta. Honestamente, acho que estou fazendo mais pelo planeta com os meus dois", ela diz. "O problema não é o tamanho da nossa população, é o que ela está fazendo."

Os filhos de Justine – ela está grávida do terceiro – provavelmente serão cidadãos engajados, a não ser que eles se rebelem contra o modelo de comportamento apresentado pelos pais. Mas os oceanos não poderiam se importar menos. Cada uma de suas crianças, e a minha, enquanto gostarem de aquecimento, ar-condicionado e automóveis, serão anualmente responsáveis pela emissão equivalente a 620 voos de ida e volta entre Londres e Nova York, de acordo com a

Optimum Population Trust. E, sim, o número de habitantes no planeta pode não ser mais tão alarmante como era no início dos anos setenta, quando os pais de Justine fizeram a sua escolha, mas contanto que essas crianças não sejam criadas em um país em desenvolvimento, pouco importa.

A carga elétrica fatal do "terceiro trilho" não é tanto reconhecer o nosso futuro fervilhante, mas discutir o que deve ser feito sobre isso. Talvez ninguém entenda isso melhor do que Al Gore. No documentário *Uma verdade inconveniente*, Gore menciona que nossa superpopulação é o fator principal da mudança climática, ilustrando sua reivindicação com crescentes gráficos de superpopulação nos países em desenvolvimento. Mas quando, nos créditos finais, o filme oferece soluções para a mudança, é sugerido que compremos um carro híbrido e melhores lâmpadas. Mas abrir mão dos enxovais? Os críticos do filme de Gore o censuraram por voar por todo o mundo para compartilhar sua mensagem urgente, mas eu ainda tenho que encontrar uma crítica sobre a pegada de carbono total da sua família de três filhos.

É como se nós todos concordássemos que a santidade da família é irrepreensível. Nós veneramos a escolha pessoal de se reproduzir, o desejo de criar todos esses lindos bebês (desde que eles não estejam nos países superpopulosos), independentemente do custo literalmente impensável. O que na Terra é mais puro, visceral, extasiante, otimista do que uma vida nova, especialmente uma vida nascida do amor? Até eu, inicialmente relutante em me juntar às estatísticas maternas, posso responder a essa pergunta retórica. Quando Al Gore olha para seus muitos netos, eu duvido que a primeira coisa que ele imagine seja o seu gráfico de consumo de combustíveis fósseis na América.

Há uma figura que você não vai ver em seu filme, ou no site do Greenpeace ou na lateral de sua caixa de leite orgânico. Quando pesquisava para escrever *O mundo sem nós*, Alan Weisman chamou Sergei Scherbov, líder do grupo de pesquisa do Instituto de Demografia de Viena, para calcular os números: o que aconteceria se, a partir de agora, todo mundo fizesse a escolha de ter apenas um filho? Scherbov verificou que dentro de cem anos a nossa população iria encolher para 1,6 bilhões de habitantes, menos de um terço da raça humana de hoje. Esses números menores freariam radicalmente a erosão de nossos recursos naturais.

Maybe One (Talvez um só) é, essencialmente, uma análise em forma literária de muitas dessas ideias e mais (usando dados diferentes, mais velhos – o livro foi publicado em 1998), escrito por Bill McKibben. Ele começa no território da águia indócil, nos arquivos de G. Stanley Hall, e submete alegações errôneas de Hall sobre filhos únicos ao teste de Toni Falbo. Sobre sua conclusão de que filhos únicos se saem muito bem – às vezes até melhor – do que as crianças com irmãos, McKibben constrói a tese ambiental de parar no primeiro. Ele termina o livro descrevendo sua viagem de volta do consultório do urologista com um saco de gelo entre as pernas. Sua solução, depois de ter um filho, foi fazer uma vasectomia.

McKibben escreve muita coisa que vale a pena citar em *Maybe One*, mas vou deixar que você descubra por si mesmo, se estiver interessado. Vou, no entanto, compartilhar um pouco do que ele escreveu depois de contar sobre sua vasectomia e sua volta para casa do consultório do médico com um saco de gelo entre as pernas. Ele relaciona alguns dos desafios que enfrentamos neste planeta, e nas sociedades espalhadas sobre sua superfície, e escreve: "*A energia liberada por ter famílias menores pode ser uma parte da energia necessária para enfrentar os próximos desafios* [grifo do autor], para realmente *enfrentá-los*, e não apenas para anunciar que eles são importantes, ou para enviar um cheque, ou para ler um artigo, mas para torná-los o centro de nossas vidas." Então ele complementa: "A Igreja não deveria achar esse argumento tão estranho. Os sacerdotes são celibatários, pelo menos em parte, porque isso lhes permite fazer de Cristo a sua noiva, para que dediquem todas as suas energias para as outras tarefas definidas antes da nossa chegada na Terra." Talvez, se este argumento pudesse ser atenuado e aplicado a todos os filhos de Deus, e não apenas ao clero, a nossa bipolaridade liberal-conservadora nacional poderia ser um pouco retificada, as duas Américas unidas em algo mais próximo de uma só.

A diluição de recursos estende-se para muito mais do que aquilo que as crianças ganham de seus pais. Quando nossos recursos pessoais estão no limite, e não apenas como pais, mas como pessoas, perdemos o espaço para refletir sobre o que confronta nossas vidas, nossa sociedade e nosso planeta, quem dirá participar de mudanças significativas. Dificilmente conseguimos encontrar energia para enfrentar os nossos desafios pessoais, quem dirá os globais. *Quem tem tempo?* Nós nos perguntamos. Claro que não são apenas os nossos recursos pessoais que estamos diluindo, são os do nosso planeta, já que enchemos os maiores carrinhos de compras em grandes lojas e dirigimos carros maiores para nossas casas ainda maiores em serviço de nossas famílias. Estamos muito consumidos pelos encargos da vida diária para perceber o que realmente estamos "carregando". Este é o comportamento que ensinamos aos nossos filhos, que vão determinar o destino dos recursos pessoais, financeiros e ecológicos da próxima geração – todos finitos. Em vez de demonstrar um compromisso com o mundo em que vivemos, nós mostramos o que significa não ter nada para dar.

No Facebook, uma amiga – mãe de um único filho chamado Ivan – postou a seguinte atualização de status: "Então, nossas antepassadas feministas estavam certas: você pode trabalhar, ser uma ótima mãe e até mesmo ter relações sexuais. E ser politicamente ativa também! Mas elas não esperavam que nós íamos tentar adicionar mais duas coisas na mistura: o voluntariado nas escolas públicas de nossos filhos e o engajamento em todos os tipos de atividades domésticas que poupem a Terra. Isso, ao que parece, é um exagero. Os vermes dos meus adubos acabaram de morrer. Ivan me culpa por não estar atenta a eles. Ele tem razão." Uma enxurrada de quarenta comentários imediatamente aparece, a maioria dos quais revelando o quão tensos nos tornamos com relação à nossa ecologia e nossa responsabilidade doméstica; escrevem principalmente para expressar preocupação com Ivan ou com os vermes ("eu estou apenas levemente chateada pelos vermes", ela se sente compelida a esclarecer em seu próprio comentário; "pensei que era uma parábola engraçada sobre a condição feminina contemporânea").

É loucura o suficiente quando só há *um* Ivan – mais vermes e voluntariado na escola – para gerenciar. Agora multiplique essa loucura por dois ou três, e veja como todo esse trabalho fantástico se soma com paternidade, muito sexo e ação política. Provavelmente a conta não fecha, o que significa que é hora de subtrair algo. Simplesmente não há escolha. Meu palpite é que a maioria de nós, olhando para essa lista, reduziria por necessidade. O engajamento cívico vai primeiro. Em seguida, o sexo. Depois, o trabalho. E então paternidade – paternidade é inevitavelmente a última a ser cortada da lista. "Nossa obsessão com a paternidade é uma estratégia de prevenção. Ela nos permite substituir nosso próprio mundinho pelo mundo como um todo", Erica Jong escreve. "Se você está ocupado criando seus filhos sem a ajuda da sociedade e tentando ganhar a vida durante uma recessão, você não tem muito tempo para questionar e mudar o mundo que você e seus filhos habitam."

Quanto mais crianças nós temos, mais aceleramos a destruição da Terra; quanto mais tempo passamos "sendo pais" e excluindo todo o resto, mais nos fechamos para essa realidade. É um ciclo sem fim. Estamos exaurindo nossos recursos pessoais em conjunto com os nossos recursos naturais. Dentre os mais interessados, os pais usam seus graus escolares avançados para discutir com outros pais sobre fraldas de pano ou recicláveis quando levam seus filhos para brincar; preocupam-se com os vermes da adubagem enquanto adicionam outra criança para ajudar a devorar o planeta, e depois outra. É um jogo de status: que família pode ser mais consumida pela consciência ecológica, que pais podem martirizar-se usando apenas fontes sustentáveis. Não há nada de errado com adubo e cupcakes, contanto que você consiga ficar de olho no futuro do mundo exterior, e isso não é uma coisa fácil de fazer. Em vez disso, para muitos pais-mais-verdes-que-você, "a árvore impede de ver a floresta", ou seja, eles não conseguem enxergar o panorama geral e, ao considerar os custos ambientais de nossas famílias, debatem sobre o que consumimos, mas não sobre quantos de nós estamos consumindo.

CONCLUSÃO

CONTRA A INSENSATEZ

É um pouco depois das seis da manhã e estamos na sala, tomando café e assistindo a Dahlia improvisar alguns passos de balé ao som de uma canção do Flaming Lips. O custo do meu método contraceptivo dobrou e eu estou reclamando sobre a despesa financeira e física que tive de suportar durante os meus anos reprodutivos, expressando amargura sobre os anos que ainda estão por vir. Justin deixa escapar: "Talvez eu devesse fazer uma vasectomia." Quando Bill McKibben escreveu sobre a dele, fiquei completamente apaixonada. Acontece que quando o meu marido se ofereceu para fazer uma vasectomia, comecei a chorar, corri até o nosso quarto e me joguei nos travesseiros como uma adolescente deprimida. Minhas lágrimas não secaram até Justin voltar para casa depois de levar Dahlia para a escola em seus ombros durante todo o caminho. Apesar de toda a informação racional que respalda a minha relutância em ter outro filho, todas as pesquisas demonstrando que filhos únicos estão bem, todos os dados que sugerem os sacrifícios adicionais que outra criança exigiria, fazer a escolha de não ter outro filho ainda é repleta de conflitos. É uma luta emocional que, ao que parece, nenhum conjunto de números e análises pode apagar.

John Hodgman, o escritor de quadrinhos, publicou um texto há alguns anos chamado "Apologia ao meu segundo filho". O ensaio é a sua explicação para a escolha de não dar à sua filha as vantagens de ser uma filha única, como ele foi. "Eu acredito que você nunca vai nos perdoar por isso", ele escreve. Após a morte de sua mãe, e depois do terror de uma manhã de setembro, quando ele temeu que sua esposa nunca fosse conseguir sair de um emaranhado de aço queimado em Manhattan, ele percebeu que, em uma família de três, "o 'triângulo' pode desmoronar de repente, e o que resta quando isso acontece é nada". E assim, ele explica ao seu segundo filho, que sente que precisa de outro para mitigar seu iminente "terrível sofrimento". Mas mais do que pelo medo do sofrimento, foi por isso que chorei hoje de manhã: Hodgman escreve para seu filho ainda por nascer, e, indiretamente, para sua filha já existente que, como uma irmã, ela "está mais livre para falhar". Essa é uma liberdade que eu nunca conheci, que eu nunca vou ser capaz de dar a Dahlia se ela continuar a ser a minha primeira e única.

Em algum nível, certamente Hodgman e eu estamos comprando uma fantasia de como ter irmãos seria libertador e erradicaria pressão e medos existenciais por força de seu simples nascimento. Justin não se sente livre para falhar, mesmo tendo uma irmã mais nova. Na verdade, eu não conheço ninguém que se sinta assim. Todos nós construímos histórias para nos explicar e ao fazê-lo destacamos alguns elementos que nos moldaram e descartamos outros. Nunca ser beijada na escola, ficar grávida, ser o garoto gordo, ser disléxico, ser gay, ter um irmão mais velho malvado, não ter irmãos – nos agarramos às próprias narrativas para nos definir para nós mesmos e para os outros.

Estas narrativas são, muitas vezes, ancoradas em personagens que criamos sobre nossos pais. Às vezes as histórias são aquelas em que os nossos pais são os protagonistas de suas próprias vidas: divórcio, um caso, sonhos perenemente protelados, ressentimentos calcificados em lares infelizes. Às vezes são sobre o relacionamento dos nossos pais conosco: eram muito religiosos, eram muito radicais, eram muito rígidos, eram muito lenientes, foram consumidos por eles mesmos, foram consumidos por nós. A paternidade costumava ser apenas uma parte da vida adulta. Hoje é considerada quase tudo que importa. E assim os pais comprometem a sua própria liberdade, comprometendo, assim, a liberdade de seus filhos.

Dois anos e meio foi quando começou, eu me lembro. Quase todas as mulheres que eu conhecia que estavam grávidas na mesma época que eu, de repente, estavam grávidas novamente. Logo, eu não deveria ter ficado surpresa quando Dahlia me olhou por cima de seu quebra cabeças de dinossauro e disse: "Mamãe, eu quero uma irmã."

"Por que você quer uma irmã, meu amor?"

"Eu quero cantar 'rock-a-bye' para ela." Dahlia cantou *Rock-a-bye Baby* olhando com ternura para o bebê imaginário que ninava em seus braços. "E eu quero ensinar coisas para ela."

Senti meu coração derreter. "O que mais?" Perguntei.

"Eu quero biscoitos."

"O que você quer mais? Biscoitos ou uma irmã?"

"Biscoitos. E suco."

Eu gostaria de poder dizer que esse foi o último dos pedidos de Dahlia por um irmão. Mas, na verdade, essa demanda é rara, e quando ela a traz à tona, ela o faz com um olhar que eu chamo de "olhar teste".

Alguns estudos da década de oitenta sugeriram que as crianças imploram por um irmão quando as mães demonstram ansiedade por não ter outro filho – quando tentaram engravidar e não conseguiram, por exemplo, ou quando o parceiro insiste para que a família não tenha outra criança, apesar de seus próprios desejos por um segundo. Lembro-me disso enquanto converso com Rosa, mãe de uma menina de seis anos de idade que se senta no colo da mãe puxando sua camisa e implorando '*porfavorporfavorporfavor*' por outro bebê na família. Rosa diz a ela: "Eu tentei, querida, eu tentei. Eu tentei tanto. Eu não posso ter mais." Ela olha para mim, apertando os lábios e balançando a cabeça. "Eu não sei mais o que dizer a ela. Eu sempre tento explicar o quanto eu queria isso também." Quero dizer a ela para não expressar isso para sua filha, ainda não, mas em vez disso eu sorrio com simpatia. Queria que Rosa tivesse tido o que queria. Mas eu também quero dizer a ela o que a mãe de Alice Walker diria para mulheres aflitas por sua incapacidade de gerar um filho: "Se o Senhor vos libertar, verdadeiramente sereis livres."

Nós todos sabemos como é a vida sem a paternidade, o que significa ser livre de fato. Não me admira que as pessoas digam que nunca é o momento certo. Mas o jeito mais comum de terminar essa frase é *começar a ter filhos*. Como se uma vez que você começasse você tivesse que continuar. Uma vez que você tem um, o pressuposto é que você vai ter que ter outro, sempre se lembrando da liberdade em retrospecto. Parece que quanto mais pai você é, menos você é outra coisa.

Como acontece muitas vezes, depois que Walker teve sua filha, a mãe lhe deu um conselho bastante diferente, "atipicamente ruim": "Você deve ter outro logo." Esse conselho, Walker escreve, deriva de uma "concepção equivocada que as mulheres absorveram, ao longo de milênios, para tentar fazê-las se sentirem menos tolas quando têm mais de um filho. Isso é chamado, desesperadamente, lamentavelmente, de "Sabedoria da mulher". Na verdade, deveria ser chamado de "Insensatez da mulher". Mas mulheres diferentes querem coisas diferentes. Penso em algo que Edith Wharton escreveu quase um século antes: "*A vida é uma cama de penas ou uma corda bamba. Dê-me a corda bamba*". Eu não quero o colchão de penas. Nunca quis. Como Walker, minha reação à maternidade foi o impulso primitivo de "viver e apreciar a minha própria vida única, e ninguém a não ser eu mesma".

* * *

Minha amiga de escola Sarah está grávida de gêmeos. Ela queria desesperadamente um segundo filho, acabou levando um terceiro na promoção. Quando eu conto à minha mãe que Sarah está grávida novamente, ela me censura: "Fique na sua." Isso soa como uma piada, mas não é. Eu entendo de onde ela está tirando essa ideia, e ainda, sim, me irrita. Eu digo "certo?" e rio, pensando, *espere até saber que são gêmeos*. Mas o que eu deveria ser capaz de dizer à minha mãe sobre Sarah, assim como eu deveria aprender a dizer sobre mim mesma a cada caixa de supermercado intrusa e demógrafo e primo e amigo é algo completamente diferente. Eu deveria ser capaz de dizer: "*Não é da sua conta.*"

É pessoal o que está envolvido em uma gravidez. Quando os colegas de trabalho perguntam *o que você fez no seu dia de folga*? Ninguém diz *eu passei a tarde no Planejamento Familiar.* Nada é mais particular do que o planejamento familiar. Entende-se que o primeiro trimestre de uma gravidez é um segredo guardado a sete chaves. Nenhuma amiga me disse que fez uma ligadura de trompas, e ainda assim a taxa de mulheres que fazem esse procedimento saltou radicalmente nos últimos anos – certamente alguém que eu conheço fez essa escolha. Esta privacidade feroz mantém o estigma em torno de todos os aspectos do planejamento familiar, de abortos a vasectomias. Mas a necessidade de privacidade também decorre a partir do intenso julgamento social em torno do sexo e seu resultado ocasional.

O problema é também político. Não apenas o direito de não ter um filho, mas o que acontece em nossas vidas quando o fazemos. Nosso direito de não levar até o final cada gravidez está perenemente em risco. Nós lutamos essa batalha política, provavelmente não com bravura suficiente, mas lutamos mesmo assim. O que nós não fazemos é lutar pelo direito de alinhar uma criação significativa com a vida adulta dos filhos, o que o pastor Rick Warren (e cito-o maliciosamente, este amplamente celebrado pregador da submissão das esposas) chamaria de uma *vida orientada por propósitos*. Ou, ouso dizer, até mesmo orientada por prazer. Meus objetivos são laicos: trabalhar duro, brincar muito, pensar muito, amar muito. Eles são fluidos, constantemente mudando de forma em novas oportunidades que exigem uma falta de moderação para serem totalmente aproveitadas. Por mais que minha maternidade também seja fluida – às vezes cansativa, outras vezes mais tranquila –, ela é meu propósito permanente mais constante. Essa é a realidade que eu escolhi para mim. Eu estou sendo uma boa mãe e não apenas quando estou correndo ao redor do parque ou fazendo o jantar, mas também quando estou olhando para o mar ou gritando com um editor de jornal. Próspera, como a pessoa que eu quero ser, eu estou ensinando a Dahlia que ela pode ser também.

É duro o suficiente viver a vida do seu jeito em uma sociedade que constantemente diz às mulheres o que fazer com seus corpos e com o que deveriam ocupar suas mentes; pelo menos duplamente dentro das limitações psicológicas, financeiras e temporais da maternidade. Como Ann Crittenden escreveu, "a *maternidade*, ao contrário de simplesmente ser do *sexo feminino*, é uma fonte crucial da desigualdade das mulheres". Cada vez mais, as pessoas começam a concordar com ela. Crittenden aponta: "O fato é que, geração após geração, as mulheres americanas ainda têm de alcançar o que a maioria das mulheres com ensino superior tem dito que quer há mais de cem anos: uma carreira significativa *e* a chance de criar seus próprios filhos." Dez anos depois de escrever essas palavras, Crittenden admite que pouco mudou. No entanto, diz ela, hábitos da mente podem estar mudando: "Esta pode ser uma mudança que está ainda em grande parte em nossas cabeças, mas é aí que começam as verdadeiras mudanças."

A verdadeira mudança começou nos anos setenta e foi paralisada em meados dos anos oitenta. Foi quando Ellen Willis escreveu em seu ensaio "Looking for Mr. Good Dad" (Procurando pelo pai certo), "o problema não é que as demandas das mulheres pela liberdade estejam mudando as coisas", o que certamente não estão mais, "é que os homens têm o poder de definir os termos de sua participação na criação dos filhos e as mulheres não. Enquanto as mães dependerem do 'compromisso voluntário' de homens que podem desistir dele sem negociação a qualquer momento, estamos em apuros, não importa o que fizermos." Esta não é apenas uma declaração sobre o poder, mas sobre a logística determinada por esse poder. Como você já leu, trinta anos após este ensaio ser publicado, trinta anos que poderiam ter significado um grande progresso, o Censo dos EUA considera maternidade quando uma mãe cuida de um filho, e um "arranjo" quando um pai faz o mesmo....

Conforme a taxa de filhos únicos sobe nas escalas do Censo e uma quantidade antes impensável de mulheres está optando por desistir inteiramente da maternidade, não há dúvida de que, por mais que não estejamos efetuando uma mudança com o nosso poder político, a estamos efetuando através de nossa fertilidade. Muitas vezes me lembro de um comentário que Gerda Neyer fez para mim, que em todos os lugares do mundo nada que não seja dois é uma opinião forte. Muitos de nós, ao que parece, têm opiniões fortes. Mas nós não tendemos a fazer lobby.

A intensidade que trazemos para a esfera doméstica é inversamente proporcional à nossa ausência como ativistas na política. Todas aquelas horas gastas exercendo a paternidade e trabalhando roubam qualquer disponibilidade que possamos ter para pensar sobre que alternativas podem existir e, então, lutar por elas. Americanos gostam de falar sobre liberdade, mas fazemos muito pouco para conceituar o que pode significar liberdade fora da esfera da segurança nacional. Nós nos recusamos a escalar a pirâmide maslowiana e pensar sobre a liberdade como possibilidade em vez de mera proteção.

Queixamos-nos aos nossos cônjuges e amigos em vez de falarmos com nossos representantes políticos. Em vez de reivindicarmos um novo sistema, um que aborde a incompatibilidade de nossas vidas de trabalho com nossas vidas familiares, programamos o alarme uma hora mais cedo para fazermos biscoitos para a venda de doces antes de correr para o escritório. Em resumo, este é o comportamento modelo que passamos para os nossos filhos e filhas – não visualizar a mudança e trabalhar para ela acontecer, mas simplesmente sobreviver à exaustão de mais um dia. Quem pode sair do ciclo por tempo suficiente para pensar de outra forma e ainda dedicar tempo para reviver ou redefinir um movimento de mulheres?

Ocorre-me, com ironia acentuada, que, recentemente, as mulheres americanas que se organizaram com sucesso para atingir a reforma legislativa são, talvez, os nossos mais conservadores ícones domésticos: mães que educam os filhos em casa. Quando penso nas famílias que entrevistei que educam os filhos em casa, em mães que têm se constituído como ativistas políticas comprometidas apesar do número de crianças de que costumam ter que cuidar, não é de admirar que seus filhos sejam os mais politicamente engajados e ativos que conheci (é claro, eles são a favor de uma proteção legal, não do financiamento. É o dinheiro que faz com que a batalha para uma melhor política familiar se torne eminentemente mais sangrenta).

Sem dúvida, a sensação de que Deus está do seu lado é uma força energizante, e parece que poucos americanos nos dias de hoje podem efetivamente olhar para além das paredes de casa ou do local de trabalho sem ela. Mas outro grupo que tem conseguido ganhos políticos até então inimagináveis é uma facção completamente laica: o movimento dos direitos gays. Eu não posso deixar de notar que esse movimento é em sua maioria (e cada vez menos) sem filhos. Mas, talvez, não se trate de ter tempo, mas de querer comprometê-lo com algo maior do que si mesmo. Ou até perceber que lutar por uma melhor política familiar é estabelecer um compromisso consigo mesmo. Desde a publicação de *Get to Work* (Comece a trabalhar), Linda Hirshman abandonou grande parte de seu foco sobre os direitos das mulheres, depois de décadas de ativismo e escrita. Com seus quase setenta anos, heterossexual, casada, ela transferiu sua atenção para o movimento dos direitos dos homossexuais. "Por que eu desisti das mulheres? É simples", ela me diz. "Eu queria trabalhar com pessoas que realmente queriam ganhar."

Assim como o movimento de educação em casa, que ganhou o direito de manter seus filhos fora do sistema escolar, o movimento dos direitos dos homossexuais tem incidido sobre a clara missão de ganhar o direito de casar. Estes são objetivos simples e claros, mesmo que difíceis de alcançar. E eles não precisam do dinheiro dos impostos de ninguém. Em comparação, realinhar a relação entre trabalho e paternidade para resolver os defeitos do nosso sistema atual exigiria cofres profundos e planos multifacetados. Isto, também, pode ser difícil de alcançar. Mas se quase todos os outros países industrializados conseguiram conciliar a luta dos seus cidadãos que trabalham e são pais, com certeza temos potencial também. Até então, eu acho que vou manter a minha família pequena.

Mesmo que meus impostos pagassem a creche de Dahlia e os cuidados com a saúde, ela ainda me acordaria muito antes do amanhecer. Periodicamente ela faria birra. Eu teria que contratar uma babá ou ligar para uma amiga quando Justin e eu nos aventurássemos em um raro jantar fora de casa. Eu sentiria falta dela quando não estivesse presente e, ocasionalmente, rezaria pela minha liberdade quando estivesse. Eu me respeito como uma mãe que, às vezes, cede às limitações da vida na paternidade. Mesmo se Shulamith Firestone fosse elaborar a nossa política de família, ainda sim pagaríamos um preço por sermos pais. E eu pago com prazer.

Como filha única, eu paguei um preço pela relativa liberdade da minha mãe? E se eu optar por continuar a ter exclusivamente sexo não procriativo – ou adiar a escolha de me reproduzir novamente até que não seja mais uma escolha – eu estou sacrificando a felicidade de Dahlia para o meu próprio benefício? Estas são as questões que estão na base deste livro. Minha intenção ao escrevê-lo é que nós sejamos capazes de respondê-las com base em informações, não medo. Isso significa que podemos respondê-las por nós mesmos, enfrentando a mescla de tendências que acompanham uma vida sem irmãos e abandonando os estereótipos sobre filhos únicos (embora talvez através de exemplos eu tenha confirmado alguns ao longo do caminho). Significa, também, confrontar a realidade de como uma segunda criança molda a vida não apenas de nossos filhos únicos, mas a nossa própria vida, principalmente como mães. E significa se despir do manto de culpa que muitos de nós parecemos carregar quando atrasamos a fertilidade em busca de um engajamento significativo – profissional, político, social, romântico, e com nós mesmos.

O compromisso significativo não é parte do que nos faz bons pais, e boas pessoas? Como podemos ajudar a criança a desenvolver uma personalidade autêntica se não fizermos o mesmo? Exige algum trabalho sermos quem queremos ser, quer a nossa fertilidade venha na forma de famílias maiores, quer de uma vida interior mais rica, ou ambos, para as pessoas que, aparentemente, conseguem lidar com mais coisas do que eu. Se eu optar por parar no primeiro filho, isso não deve ser uma referência para a escolha de outra pessoa. A questão toda é viver a vida que você quer.

É mais fácil seguir a sabedoria aceita. É mais fácil reproduzir o passado do que seguir seu próprio caminho. Se eu optar por parar em um, talvez eu simplesmente esteja replicando a escolha da minha mãe. Mas eu gostaria de pensar que é uma escolha que terá sido feita após uma investigação significativa, em meus próprios termos – e do Justin – e de mais ninguém, da melhor forma possível. Para todos nós, isso requer dissecar nossos desejos: cutucando seus corações ainda vivos, investigando dentro de seus estômagos para ver o que os alimentou, sujando nossas mãos de sangue no processo de sondagem de como eles sobrevivem. Ao considerar o desejo, devemos considerar as histórias que contamos a nós mesmos. Sobre quem somos como filhos únicos e potenciais pais de filhos únicos, quem somos como cidadãos de uma família e cidadãos do mundo. O que acontece se, depois de investigar tal desejo, um dos membros de um casal sente que outra criança é a escolha certa e o outro discorda? Isso, de fato, é um dilema. Mas um que é certamente melhor entendido e conciliado quando a própria opinião, e não uma grande mensagem cultural, está em jogo.

O resto, sinceramente, está na criação consciente dos filhos. Isso é para qualquer um, independentemente do número de lugares que definimos na mesa de jantar. Para isso, eu tenho que dizer: para o inferno com a hipocrisia. Para o inferno com a superproteção. Para o inferno com a adubagem e os cupcakes. E se você se encontrar criando um filho único, existem algumas coisas simples que você pode fazer. Forneça alguma diversidade na forma de oportunidades sociais. Fique de olho em seus próprios hábitos antissociais; libertar-se deles será bom para você e para seu filho. Envolva-se em um mundo muito maior e incentive seu filho a participar junto com você. Pense duas vezes sobre uma vida menos urbana. Liberte-se um pouco. Pergunte a si mesmo se você se apoia no seu filho como se ele fosse um peão no seu relacionamento ou como um parceiro caso seu casamento tenha sido dissolvido. Mas, principalmente, não crie seus filhos com medo ou com culpa. Não viva com medo ou com culpa também. Eu sei que é fácil de dizer e difícil de fazer, acredite em mim. Mas há grande poder na modelagem do comportamento. Construir um lar onde os pais vivem a vida de acordo com seus próprios costumes vale mais que mil mães de misses.

Eu acredito que o núcleo familiar é uma construção – às vezes muito útil e que me faz dizer coisas pseudomarxistas como "controle social" em jantares. Fora de algum cenário distópico, é difícil imaginar voltarmos para uma sociedade em que as comunidades criem filhos. É mais difícil ainda imaginar um futuro em que as crianças sejam consideradas uma responsabilidade pública, pelo menos nos Estados Unidos. Nossa pequena casa lotada de amigos no Brooklyn parece ser radicalmente diferente da vida das outras pessoas e ainda assim não é nada comparada à verdadeira responsabilidade comunitária pelas crianças. Mas o nosso pequeno esforço por uma forma mais conectada de vida sugere uma das muitas maneiras pelas quais podemos redefinir ainda mais a família.

Você tem que estar muito bem escondido no fundo do seu quarto de oração para não notar que as questões sobre família estão se reescrevendo, pelo menos em certas jurisdições. Meu próprio núcleo familiar está rapidamente se tornando uma raridade. Pense em todos os novos termos que podemos escolher para definir a nós mesmos: pais gays casados. Pais heterossexuais não casados. Pais solteiros por opção. Padrastos, madrastas, irmãos postiços, irmãs postiças, meio-irmão, meia-irmã – quem ainda conta como filho único? Muitas vezes penso em uma amiga, noiva de um pai de dois filhos, que está considerando se quer ter um "filho único", apesar do fato de que esta criança já tem garantidos dois meios-irmãos.

Susan Sontag, que parou no primeiro filho, certa vez escreveu que "as únicas respostas interessantes são aquelas que destroem as perguntas". Lembro-me de uma noite, quando Dahlia olhou ao redor da cozinha, onde Eric, John e Carlene tinham se reunido conosco para um jantar de domingo, e perguntou: "Somos uma família?" Poucos dias depois, Carlene e eu saímos da cidade por uma semana para escrever. John colocou Dahlia para dormir quando Justin teve que trabalhar uma noite. Eric foi buscá-la na escola no dia seguinte, fez o seu macarrão com queijo e deu-lhe um banho. Por um lado, a forma como vivemos é a resposta, aquela que destrói a questão. Por outro lado, eu penso sobre o que uma amiga minha, filha única, órfã antes de sua formatura da faculdade, disse com saudade: "Eu sempre quis a minha família sangue do meu sangue. É isso que é uma família? Se for, então Dahlia tem uma família de três pessoas. São os contatos de emergência no arquivo do seu filho na escola? Se essa é a resposta, então sua família começa a crescer. Essa pergunta é uma questão pessoal ou uma questão social? Dahlia sabe como é o *sentimento* de uma família. Eu me pergunto se isso é o suficiente.

Há uma razão para este livro não ser um livro de memórias. Outras pessoas podem me definir como uma filha única, muitas vezes contando com os elementos do estereótipo que encarno. Mas não é a narrativa que escolhi para mim, apesar da minha vontade de escrever um livro sobre isso. Sou alguém que tem encontrado tanto libertação quanto impotência em ser filha única. Eu posso imaginar, mesmo se eu não tivesse sido superada em número pelos meus pais, que teria encontrado um equilíbrio semelhante entre a opressão e a liberdade de ser a filha deles. Eu nunca vou saber como teria sido de outra maneira. Eu nunca vou saber se ter crescido com beliches em vez de uma cama de solteiro solitária teria me moldado de forma diferente.

No ano passado, transferimos a minha cama de solteiro, da minha infância, para o quarto de Dahlia. Quando Justin e eu começamos a namorar e ele ficava na casa dos meus pais, seus pés ficavam para fora, entre os eixos do estrado. Eu gostava de pressionar o meu corpo contra o dele, feliz por o espaço ser tão fino que não havia para onde ir, além de para mais perto dele. Agora, na maioria das noites, eu me enfio nessa cama para colocar Dahlia para dormir. Eu leio uma história e, em seguida, Justin aparece com um copo de leite para acompanhar o segundo livro dela. Às vezes ele fica para ler o último, todos entrelaçados em nosso carinho-familiar-de-cama-de-solteiro. Dahlia fecha os olhinhos sonolentos, sorrindo; nós três, um único abraço.

NOTAS

UM BREVE PASSEIO POR MEUS CADERNOS E PRATELEIRAS

Ao longo deste livro, citei fontes específicas para os dados, de modo que você sabe o contexto onde eu estava buscando a minha informação. Dito isto, queria oferecer um esboço de algumas obras importantes que consultei:

Ninguém fez mais para reunir e analisar a pesquisa sobre filhos únicos do que Toni Falbo. A meta-análise que ela conduziu junto com Denise Polit proporcionou excelentes revisões de literatura e dados de centenas de estudos, aqui é o clássico:

"Quantitative Review of the Only Child Literature: Research Evidence and Theory Development", *Psychological Bulletin* (1986). Da mesma peça vintage – a pesquisa sobre filhos únicos caiu depois de meados dos anos oitenta –, os oito artigos que ela escreveu ou editou para *The Single-child Family* (Nova York: The Guildford Press, 1984) permanecem relevantes e informativos. Reunidos em um livro e em outro formato, o trabalho de Polit em "únicos" mais velhos e sua dinâmica familiar também remonta a uma época passada, mas continua sendo parte do material mais interessante que eu encontrei, especialmente, Denise F. Polit, Ronald L. Nuttall e Ena V. Nuttall, "The Only Child Grows Up: A Look at Some Characteristics of Only Children", *Family Relations* (1980). Falbo e Polit foram atualizadas por Steven Mellor em seu artigo "How Do Only Children Differ from Other Children?", *The Journal of Genetic Psychology* (1990). Sobre realização, o trabalho de Judith Blake continua a ser o porta-estandarte, e seu livro *Family Size and Achievement* (Berkeley: University of California Press, 1992) oferece uma introdução considerável para seus dados. Vários outros trabalhos exploram a questão dos estereótipos, notavelmente o de Ann Laybourn, "Only children in Britain: popular stereotype and research evidence", *Children & Society* (1990) e, mais recentemente, o de Adriean Mancillas, "Challenging the Stereotypes About Only Children: A Review of the Literature and Implications for Practice", *Journal of Counseling and Development* (Verão de 2006); ambos oferecem excelentes revisões literárias. Achei a sabedoria de Carl Pickhardt indispensável ao considerar as realidades da vida como um filho único, como uma criança e um adulto: *The Future of Your Only Child* (Nova York: Palgrave MacMillan, 2008).

Embora possa haver uma relativa escassez de pesquisas sobre os filhos únicos ao longo das últimas décadas, não houve escassez de literatura sobre o bem-estar, a política e a economia relacionados com a família. Acho as análises econômicas de Nancy Folbre as melhores, e este livro em particular: *Valuing Children: Rethinking the Economics of the Family* (Cambridge, Mass.: Harvard University Press, 2010). O best-seller de Ann Crittenden, *The Price of Motherhood: Why the Most Important Job in the World Is Still the Least Valued* (Nova York: Picador, 2010), é acessível e indispensável. A infelicidade dos pais americanos é tratada no artigo de Robin W. Simon, "The Joys of Parenthood, Reconsidered", *Contexts* (Primavera de 2008), e este artigo fornece uma excelente panorâmica de um mapa muito mais amplo: Rachel Margolis e Mikko Myrskylä, "A Global Perspective on Happiness and Fertility", *Population and Development Review* (2011). Eu sou uma admiradora da pesquisa e da escrita de Gerda Neyer, e acho esse artigo de grande utilidade: "Family Policies and Fertility in Europe", *Max Planck Working Paper* (2006). Ron Lesthaeghe escrevendo sobre a Segunda Transição Demográfica teve uma grande influência sobre o meu pensamento: "The Unfolding Story of the Second Demographic Transition", *Population and Development Review* (2010). E você não vai conseguir um melhor tratado sobre o aquecimento global e a ética do tamanho da família, com um foco especial sobre a escolha de ter um filho único, do que o livro de Bill McKibben, *Maybe One: A Case for Smaller Families* (Nova York: Simon & Schuster, 1998).

Como em todos os projetos de livros longos, apenas uma fração das obras que consultei encontraram seu caminho para a listagem final, para não mencionar as dezenas de entrevistas com acadêmicos e filhos únicos que guiaram minha perspectiva além de citações e números individuais. Sou grata a todos que compartilharam histórias, pesquisas, sabedoria e tempo.

AGRADECIMENTOS

Este livro não existiria sem o profundo apoio das seguintes pessoas: James e Judith Sandler; Eric Hynes (que por dois anos cuidou deste livro como se fosse seu), Carlene Bauer e John Williams (IFLYG); Marin Sardy; Priscilla Painton, Michael Szczerban e Jonathan Karp; Elyse Cheney; os membros do Invisible Institute; Reva Jarvis e Lacie Zassman; Molly Peterson, James e Lucas Nguyen; Jon e Terry Lane; e, acima de tudo, Justin e Dahlia Lane, meu coração e meu lar.

QUER SABER MAIS SOBRE A LEYA?

Fique por dentro de nossos títulos, autores e lançamentos.

Curta a página da LeYa no Facebook, faça seu cadastro na aba *mailing* e tenha acesso a conteúdo exclusivo de nossos livros, capítulos antecipados, promoções e sorteios.

A LeYa está presente também no Twitter e Google +

www.leya.com.br

facebook.com/leyabrasil

@leyabrasil

google.com/+LeYaBrasilSãoPaulo

Este livro foi composto em
Original Garamond BT
e impresso para a LeYa
em março de 2014